馬《マー》馬《マー》虎《フー》虎《フー》な中国生活

山下生翁
Ikuo Yamashita

文芸社

はじめに

ここに出てくる話は、私が中国広東省と福建省に滞在した五年間に、実際に体験した話ばかりである。

私は現在六十一歳。過去に数多くの国を訪問したが、中国は初めて行って、そのまま今にいたるまで滞在してしまった国である。中国については、多少のことは知っているつもりだ。そんなわけで、これから中国を訪問される方のために、私の体験が少しでもお役に立てばと思い、筆をとった次第である。

近代化された一面と、まだまだ遅れている一面が混在する現在の中国。その中国の姿を、ありのままに伝えていきたい。

著　者

二〇〇五年一月

馬馬虎虎《マーマーフーフー》な中国生活／目　次

はじめに　3

《広東編》

一、中国に来たきっかけ　11
二、再び中国へ　15
三、中国の食べ物事情　19
四、バイクタクシー　23
五、ホテルでの飲茶　27
六、中国の交通事情　30
七、広東の食材　35

八、中国人の交通マナー……40
九、中国のドリアン……43
十、麦当劳《マクドナルド》と肯徳基《ケンタッキー》……47
十一、主人のものは自分のもの……50
十二、二個のバースデーケーキ……53
十三、抵抗していたら今頃は……56
十四、何がどうなっているのか……61
十五、買い物は中国人といっしょに……65
十六、老板、おかえりなさい……69
十七、香港のスリは世界一？……72
十八、「大和撫子」はもちろん魅力的なのだが……76
十九、鬼より怖い治安隊……79
二十、中国の携帯電話事情……81
二十一、トイレ掃除は経営者の任務……85
二十二、広東省の建物と職人たち……88

二十三、医は算術？ 91
二十四、これじゃ、子供の遊びだ——中国のマージャン 94
二十五、蚊とゴキブリ 97
二十六、夢に見た桂林（灕江下り） 100
二十七、鳥も人も 104
二十八、広東省のゴルフ場 107
二十九、バナナ畑で海鮮料理 110
三　十、「おやつ」いろいろ 113
三十一、公開判決報告会 116
三十二、中国人の仲間意識 119
三十三、第二のテレサ・テン 123
三十四、中国のテレビ放送 125
三十五、中国の偽札事情 128
三十六、屋上の月見 130
三十七、里帰り 134

《福州編》

三十八、涙の卒業式 139
三十九、恐ろしい体験 144
四　十、消えた郵便物 151
四十一、ゴルフ・ゴルフ・ゴルフ 155
四十二、五一広場 158
四十三、サッカーと「愛国心」 162
四十四、太極拳の大家 166
四十五、福州の名物日本人 169
おわりに 175

広東編

一、中国に来たきっかけ

先日、中国に十二年間滞在していた六歳上の兄が、食道ガンで亡くなった。最後は日本の病院で息を引きとったが、中国を限りなく愛した日本人の一人ではなかろうか。そして、この兄こそ、私に中国行きのきっかけを与えてくれた人物なのである。

一九九八年当時、名古屋にいた私のところへ兄から長文の手紙が届いた。「一度中国へ遊びに来い」ということであった。これがすべての始まりだった。それから八カ月後の九九年六月、私は香港経由で中国入りしたのである。

十数年ぶりに空港で再会した兄を見て驚いた。私よりずっと若々しいではないか。きっと毎日、充実した生活を送っているのだろう。

空港から三時間の道のりを、いろいろな思い出話に花を咲かせながら行くと、広東省東莞《トンカン》市という町に到着。ここに兄の経営する靴工場があった。出迎えてくれた工場の幹部を紹介され、私は戸惑ってしまった。なにしろ中国語といえば、「你好《ニーハオ》」しか知らないのだから。《こんなことなら少し中国語を勉強しておくんだったな》――そんな感想が脳裡に浮かんだことを、今でも覚えている。

あくる日、工場内を案内され、四百五十人の女子工員たちが働く姿を見て驚いた。クーラーもない工場で、扇風機だけが回っている。その下で彼女たちは汗をかきながら、一生懸命働いていたのだ。

昼食は、みんなと一緒に食堂で食べた。四百五十人がいっせいに食事をする迫力たるやたいへんなものである。ワイワイガヤガヤ、隣に座っている通訳の声も聞きとれない。幹部連中だけはオカズが一品多いと聞き、なにか申しわけない気分になった。

食卓の光景を見て、日本と違う習慣に気づいた。スープとご飯は一緒にとらず、ご飯がすんだ後でスープを飲むのだ。また、日本では塩が普通なのに、トマトには砂糖をたっぷりとかけて食べるのである。

昼食の後は、ほとんどの人が昼寝をする。女子工員たちの昼寝姿にまたまた驚いた。十畳くらいの部屋に三段ベッドが六台、計十五～十七人が一つの部屋で寝ているのである。ここにももちろんクーラーはなく、扇風機だけであるが、それでも気持ちよさそうに作業着のままで寝息を立てていた。そのつかの間の楽しみも午後一時半まで。作業再開である。これから午後五時半まで、また汗だくの仕事が続くのだ。

私は昔見た映画『あゝ野麦峠』を思い出して、兄に「もう少し待遇を良くできないのか」と言ったところ、「おまえは中国の事情を何も知らないから、そんなことを言うのだ。われわれの工場は食事も良いし、ご飯は食べ放題。三食昼寝つきで、給料もほかの工場より高い。こんな工場はほかにはない」との返事が返ってきた。

それでも私にはピンとこなかったが、ただ、働いている人たちがみんな生き生きとしている姿を見て、救われる気持ちになった。

工場の人たちは、ほとんどが内陸部の出身者で、河南《カナン》、河北《カホク》、湖南《コナン》、湖北《コホク》、四川《シセン》、貴州《キシュウ》などから来ている。中には、東北部の吉林《キツリン》、黒竜江《コクリュウコウ》の朝鮮族の人たちもいた。彼らの幾人かは流暢に日本語が話せる。故郷の日本語学校で勉強したのだという。この人たちは、ほかの人よりも給料が高いそうだ。

夜になると、工場の周辺に数多くの屋台が並ぶが、それぞれ各地の料理をメインにしている。工員たちは故郷の味を求めて、これらの屋台に足を運ぶわけである。私も二、三の屋台に行ってみた。どの店もとにかく安い。山盛りの焼そば(たった三十円である)、焼き飯や日本のお好み焼き風のものもある。とくに印象的だったのは、四川料理の辛さ。いや、とにかくめちゃくちゃ辛い。日本の「四川料理」なるものが、いかに本場のものと違うかを認識させられた。

私は工場の人たちと、毎晩のように遅くまで一杯やりながら語り合った。通訳つきではあったが、心は通っていたと思っている。こうして滞在期間の一週間はあっという間に過ぎてしまった。

私の心にはある変化が起きていた。《中国をもっと知りたい。中国人と裸のつき合いがしたい》という、今まで思ってもみなかった感情が徐々に育っていったのである。そして、日本に帰る飛行機の中で、自分の腹は決まった。

《よし。俺は中国に住もう。残り少ない人生を中国で暮らそう》

二、再び中国へ

当時、名古屋に住んでいた私は帰国後、早速身の回りの整理にとりかかった。商売に使っていたトラックは友人に安い値段で譲り、少しばかりの預金は全部解約して、一カ月後には再度中国に出発したのである。当てなどあるわけはない。とにかく、まず兄の工場へ行くことにした。

東莞市に着いたその晩、工場の人たちと例の屋台で大いに語り合ったのは言うまでもない。しかし、この時も通訳つきであった。これではいけないのだ。なんとしても言葉を覚えなければならない。そうでないと、本当のコミュニケーションはありえない。そう気づいた翌日から、私は中国語の勉強をしようと決意した。

この時、もう一つの重要な決意もした。中国での商売である。もともと兄の仕事を手伝う気はまったくなかったので、なにか商売をしなければならないと、漠然と考えてはいたが、兄と相談した結果、以前日本でやっていた焼肉店をやろうということになった。ありがたいことに、兄は「足りない資金は俺が面倒みよう」とまで言ってくれた。

あくる日から、早速場所探しである。場所は意外にも早く決まった。東莞市の厚街《ホウジエ》というところである。続いて、オープンの準備。現地滞在の日本人や台湾人に本場日本の焼肉を食べてもらおうと、大いに張り切ったのは言うまでもない。日本からベテランの料理人に一カ月の契約で来てもらうことが決まり、一九九九年十月二十二日、無事にオープンすることができた。

スタッフは計九人。厨房は私と皿洗いのおばちゃんを含めて四人。ホールの女の子は五人という内訳である。宣伝のほうも抜かりなく進めておいた。現地の日本の企業に、ファクスで開店のお知らせを送っておいたのである。その効果があったのか、滑り出しは好調だった。お客は、やはり日本人と台湾人が多かった。「中国人には少し高すぎるのかな」と思っていたら、すぐ近くに私の店の三倍くらいの規模の焼肉店がオープンした。台湾人の大金持ちがオーナーだそうである。中国人をターゲットにしているのか、値段もやや安めであった。こうなれば、味で勝負するほかはない。私は必死になって「よりよい味」を追究した。

しかし、「食は広州に在り」とはよく言ったものである。広東人はたしかに舌が肥えている。結局、この「値段と味」の戦いは、「味」すなわち、わが方の勝利となった。近くの大型店は、八カ月後に店をたたんでしまったのである。そして、今そこは銀行になっている。

現在の中国では、こんな競争はしょっちゅうのことである。中国には台湾人経営の店がかなり進出しているが、彼らははやっている店があると、必ず近くに同じような店をだす。相手の店が潰れればよし、そうでなければさっさと撤退する。まことにビジネスライクで「資本の論理」そのものである。経営者もそうなら、従業員もまたしかり。以前、こんな話があった。

やはり台湾人経営の日本料理店がオープンした。すると、別の台湾人経営者がそこのマネージャーを引き抜いて、その三カ月後に向かい側に同じく日本料理店をオープンしたのである。後から開店したほうは、サービス・味ともに悪く、すぐに店をたたんでしまったのだが、その「裏切り者」のマネージャーは、なんと以前の店に戻ったという。

義理と人情の「日本的経営」、お客様と地域の人々に気をつかう「日本的経営」と、他人はすべて利用する対象としか考えない「中国的経営」。

私には、いったいどちらが「資本主義的」で、どちらが「社会主義的」なのか、わからない。

三、中国の食べ物事情

故郷を離れて広東省で働く女子工員の給料は、一カ月五百元から六百元というところである。日本円でおよそ八千円から一万円弱というところか。自分たちのお小遣いとか、日用品などを買った残りの六千円程度を故郷の家族に送金する。四人程度の家族なら、それで一カ月充分に生活できるのだ。

野菜や主食の小麦（これを粉にして麺類をつくる）は自給自足、豚・鶏・アヒルなども自分の家で飼っているので、贅沢をしない限り、これで充分なのである。「主食の小麦」と書いたが、これは中国北部の話。南部は、日本と同じように米が主食である。中国は、北部と南部で食習慣が違う。

私の店に、北部・河南省出身の女の子がいた。彼女は二十歳になるまで米を食べた記憶がないという。つまり、この広東に来て初めて米というものの味を知ったわけである。

この子に限らず、北部の出身者はまず米というものに慣れていないと言ってよい。それで、彼らは初めて食べる米のうまさに驚き、腹につめられるだけつめ込む。その結果は腹痛という次第だ。兄にこのことを話したら、兄の工場でも同様に腹痛者が続出したとのこと。

われわれ日本人は、簡単に「中国」「中国人」と言うが、先に述べたように、本当の「中国」はさまざまに異なる地域の集合体と見たほうがよいのである。

「食習慣」にまつわる、こんな事件もあった。

ある広東省の工場で、約百人の従業員中二十人くらいがストライキを起こした。事情を聞いてみると、食事が辛すぎて食べられないというのだ。工場の賄《まかな》いさんは、湖南省の出身者。湖南省は四川省とならぶ激辛料理の本場である。ちなみに湖南省出身の毛沢東は、毎日生のトウガラシを食べていたという。

ストライキを起こした連中はというと、福建省と広東省の出身者であった。このあたりは逆に、徹底した薄味の地域である。ここにも、南北の差が出ている。北部および西南部は「辛味好み」、南部の沿海地方は「薄味好み」である。

「そんなことで」と、皆さんは思われるだろうが、四川料理や湖南料理の辛さは尋常ではない。その中でも、私が「地獄の辛さ」と断定できるのは重慶火鍋《チョンヂンホウコウ》である。「血の池地獄」のごとく真っ赤なスープが、中国式の鍋の中でフツフツと煮えたぎっているのだ。

一口食べると舌の先がしびれる。これは比喩ではない。実際にしびれるのである。そして、翌日のトイレタイム。私の体内にあったものが私の肉体から離れようとするあの部分が、鎮痛消炎膏薬を貼った時のようにスーッとするのだ。「痔主」は絶対に食べてはならない。「ゲテモノ」食いを自慢する人が、どうしても食べたければ、せめて胃腸薬の用意だけはするべきだ。

さて、うちの店の子たちは、前にも述べたように、北部および西南部の出身者が多い。彼らはこの「地獄の辛さ」を、この世にほかにうまいものがないがごとく堪能するのである。私は彼らによく言ったものである。「おまえたちは人間じゃないな。こんな辛いものをよく食えるものだ」と。

しかし、彼らは《味を知らぬ日本のオッサンが、わけのわからぬことを言う》と思っているのだろうか、ゲラゲラ笑って、また鍋をつつき始める。私はといえば、しかたなく辛さをごまかすために自前のタレを持ってきて、みんなの輪の中に参加させてもらうのである。

「辛さ」の話ばかりに終始してしまった。「薄味」地域の紹介もしなければ不公平というもの。

私のお勧めは「福建料理」だ。魚介類がメインで、味はまさに淡白そのもの。「素材の味を大切にする」日本料理と相通ずるものがある。たとえば、一切の調味料を加えず、ただ湯がいただけの海老を、醤油なり酢なりをちょっとつけて味わう。生でこそないが、なにか刺身につながるものを私は感じている。いや、欧米化された現代の日本の味覚に比べると、「昔の日本の味覚」と言ったほうが正確か。

したがって、日本の若い人などが「福建料理」を食べたら、「味がない」と言うかもしれない。さほどに淡白なのである。

このように、中国の食は地域によって多種多様。私は北部・西南部と南部に分けたが、これとてあくまでおおまかなもの。もっと言えば、一つの省の料理は一つの国の料理と考えたほうが早いぐらいである。

とすれば、われわれ日本人が「中華料理」と言っているものは、いったい何なのだろうか。

四、バイクタクシー

私のいた街には「バイクタクシー」なるものがある。一二五ccのバイクで客を運んでくれるのである。《歩くのはちょっと。でも、わざわざタクシーに乗るほどでも》という場合には、非常に便利だ。

六キロメートル以内で約四十五円。客が二人の場合は、約六十円だ。後者の場合は、運転手を含めて三人乗りとなり、中国の法律でも違反ということになるが、そこは「馬馬虎虎《マーマーフーフー》」（非常にいい加減という意味）の国、三人乗りを見ても警察官は何も言わない。

このバイクタクシーには二種類ある。正規に許可を受けたものと、日本で言う「白タク」である。正規のものは、胸と背中にゼッケンをつけているが、このゼッケンの値段が馬鹿高い。なんと三千元である。日本円だと約五万円ということになるが、中国では男子工員の五カ月分の給料にあたるのだ。したがって、白タクが街にあふれることになる。

これといった定職を持たない若者は、なけなしの金を投じて中古のバイクを一台買い、この稼業を始める。若者には一番手っとり早い飯の種なのだろう。

ある時、この白タクの運転手と知り合って話を聞いたことがある。昼間は工場で働き、夜だけ白タクをやっているという。ふとバイクのほうに目をやると、HONDAの新車だ。まだ何カ月も乗っていないようである。

「いい車を持っているじゃないか。いくらで買ったんだ」

「九千元（日本円で十三万円前後）というところかな」

「ええっ。そんなに安く買えるのか」

「偽物だよ。本物は高くて手がだせないのさ」

なるほど、よく見ると「HONDA」じゃなくて「HONOA」、ホノアだ。世界に冠たる「お人好し民族」日本人なら、簡単に騙されてしまう。ちなみに、「HONGDA」というのもあるそうだ。

しかし、この白タク、はた目に見るほど楽な商売じゃなさそうである。先にも述べたように、警察も三人乗りは見逃してくれるが、無許可営業は自分の「商売」（今の中国では、物乞いも警察も一種の商売と考えたほうが手っとり早い）

を荒らすものなので、徹底的に取り締まる。

客から金を取っているところを見つかれば、即三千元の罰金だ。なんのことはない。ゼッケン料（許可料）の後払いというわけだ。罰金を払わないとバイクは没収される。要するに、なんでも「お上」に都合よくできているのである。

だから、白タクの運転手は必死だ。走っている最中に突然「金を先に払ってくれ」と言うのは、まだ良心的なほう。質の悪いのになると、普通の料金の三倍もの料金をふっかける奴もいる。

かく言う私も、乗っていた白タクが三回ほど「御用」となった経験をもつ。この時は、お客すなわち私も「参考人」として交番に同行しなければならないが、「私は日本人で言葉がよくわからない」と、身ぶり手ぶりでアピールして、なんとかその場を切り抜けたものである。

後日、偶然にその中の運転手の一人と街で会い、ギロッと睨まれたことがある。その時、心優しい私は「金は払っていないよ」と言ってやればよかったか、と呵責の念にとらわれた。

そんなわけで、私はゼッケンのあるバイクに乗るようにしているが、運転技術について言えば、白タクのほうがはるかに上である。ゼッケン組は年寄りが多く、白タクは若者が多いからだ。白タクは運転こそ少々荒っぽいが、渋滞時でも車の脇をスイスイと通り抜けて行く。バスの時間に遅れそうな時は、白タクバイクに限ると言ってよい。

ほかに、「リヤカーつきバイクタクシー」とでも言うべき代物もある。バイクの後ろにリヤカーをくっつけたもので、市場で大量に買い物をする人にとっては便利である。買い物客と荷物を一緒に運んでくれるわけだ。

バイクタクシーより三十円ほど高いが、これは違法改造車。いくら「馬馬虎虎」の警察でも見逃してはくれない。「御用」となると、二千元（約三万円）の罰金だ。改造費にかなりの費用がかかるため、あまり割のいい商売とは言えないようだ。白タクバイクの若者のような運転技術もなく、ゼッケン組のような堅実さもない連中がしかたなくやっているようで、みなさんも乗ってはいけない。

もっとも、市場で大量に買い物をする日本人など私ぐらいだろうから、これは余計なお世話かもしれないが。

五、ホテルでの飲茶

中国にはホテルの「格づけ」という制度がある。この格づけは、ミシュランのごとく星の数で決まる。一ツ星から五ツ星まで（星なしというランクがこの下にある）である。

しかし、これはあくまで目安にすぎない。五ツ星だからといって、必ずしもすべての料理がうまいとは限らない。三ツ星クラスでも、そこが自慢にしている料理ならば、五ツ星の同じものよりずっとうまいという場合が多い。味にうるさい広東人である。「○○ホテルの北京ダックは最高だ」「△△ホテルのフカヒレスープは抜群だ」「××ホテルの海鮮料理はなかなかいける」などと、グルメ評論が飛び交うのである。

広東といえば、ゆっくり二時間ほど、お茶を飲みつつ軽食を腹に入れる「飲茶《ヤムチャ》」だが、ホテルでも朝食はもちろんこの形式である。当然、これも広東人のグルメ評論の対象。そんなわけで、朝のホテルのレストランは、泊まり客より現地の人間のほうが多いということになる。そんなホテルのレストランの朝の様子を覗いてみよう。

レストランのエントランスに入ったとたん、あなたは《これが朝のホテルか》と驚くに違いない。人、人、人だ。そして、けたたましい広東語の声。現地の人間が多いことはすぐにわかる。テーブルとテーブルの間を、ウエートレスが料理を載せたワゴンを押して歩き回っている。

ほとんどの人がワゴンから取っているのはお粥。広東では、朝のメインはお粥だ。お粥といっても、日本の病院で食べる貧相なあれを想像してはいけない。「ピータン粥」「八宝粥」「烏骨鶏粥」、中には「スッポン粥」なんていうのもある。主食・おかず・スープが、一つの椀に入っている立派な「料理」と考えるべきだ。

隣のテーブルに座っているおじさんは、ちょっとお疲れの様子でお粥を口に運んでいる。ははあ、昨日飲み過ぎたに違いない。中国粥は二日酔いの特効薬だ。胃が疲れている時も口に入りやすいし、その割には栄養も充分だからである。

向かいのテーブルのビジネスマンは、ウエートレスに何か言っている。どうやら、自分がこのレストランにキープしているお茶を持って来いと言っているようだ。ここでは、自分の好みのお茶をキープすることもできるのである。

もっとも、ここにいる連中は現地の人間の中でも、ある程度の金持ち。ホテルの飲茶はほかで食べるより高いし（といっても、日本円で六百円ぐらいだが）、なにより朝食に二時間もかけられるのは、金と暇のある人間に限られるからだ。

工場やビルに自分の土地を貸している家主、商店街の「老板《ラオバン》」（店主）などが多い。飲茶は、彼らの情報交換の場でもあるのだ。

六、中国の交通事情

広東省には、中国各地から出稼ぎに来ている人が多数いる。彼らが帰郷するとなると、われわれの感覚では大旅行になってしまう。なにしろ河南、湖南、湖北あたりまでで約三十時間かかるのだ。東北の吉林、黒竜江あたりだとたっぷり四、五日はかかる。

バスでいったん広州に出て、それから列車で帰るというのが普通である。飛行機だとあっという間だが、まだまだ庶民の足にはなっていない。チケット代は東北までだと給料半年分、河南省あたりでも二カ月から三カ月分にあたる。したがって、列車での「長旅」が、彼らの帰省の一般的なスタイルということになるわけだ。

ところが、彼らの感覚だと「三十時間の列車の旅」は、たいしたものではないらしい。距離の感覚・時間の感覚がわれわれと根本的に異なるのだ。ある時、店の女の子に尋ねたことがある。

「おまえたちの家は近所なのか」

「ウン。近いよ」

「どれくらいかかる」

「バスでたった三時間」

これが彼女らの「近所」なのである。

また、ある時、店の女の子が「故郷に帰る。一週間ぐらいで戻るから」と言ってきた。それぐらいならということで、私は帰省を許可したが、一週間どころか一カ月経ってやっと戻ってきた。当人はけろっとした顔。自分がウソをついたとは思っていないようである。

つまり、「一週間ぐらい」と「一カ月ぐらい」は、彼女の感覚では「同じぐらい」の時間なのである。この時、私は彼女のことをすでに諦めて別の子を雇っていたから、面倒なことになってしまった。いや、面倒はさらにあった。彼女は友だちを連れてきており、その子を雇ってほしいというのである。人の好い私は結局、二人の余剰人員を抱えることになってしまった。

「申し出た休暇期間」と「実際の休暇期間」に差があるのは、ほかに経済的理由もあるようである。中国でも正月（旧正月、春節）とお盆（これも旧暦）は、日本と同様に帰省ラッシュであり、この時期、列車の乗車券の値段が何倍にもアップする。この期間中に職場に戻るのはドブに金を捨てるようなもの。したがって、一カ月ぐらい故郷でのんびりして、平常料金に戻った頃、職場に戻ればよいということになる。

このような中国人の感覚は、つまるところ「彼らは近代化されていない」ということに帰着する。なぜなら、「近代」というのは「正確な尺度」「厳格なルール」に縛られる社会なのだから。そして、「近代」は、また「相互の立場を尊重する」社会でもある。この点においても、中国人は近代化されていない。

たとえば、定休日以外に休みたい時、彼らは「休みたいのですが」とは決して言わない。「明日休みます」の一言だけである。店が忙しく、手が足りずに困っていようがいまいが、関係ないのである。

「近代」のもう一つの面、つまり「金儲け」の面だけが異常に肥大化し、その他の要素はまだ根づいていないというのが、中国の現状と言ってよい。もっとも、この「馬馬虎虎」の世界には、ある種の居心地のよさといった一面があることも否めない。

私は、よく長距離バスを利用して、広東省と福建省を往復する。だいたい片道十二時間ぐらいということだが、まず、その時間どおりに運行されることはないと言ってよかろう。一時間ぐらい遅れるのは、遅れたうちには入らない。その証拠に、客はまったく文句を言わないのだ。こうなると、決まった時間どおりに運行する日本の交通機関のほうが、異常に見えてくるからおかしい。

さて、何度も同じバスを利用していると、そのうち運転手と顔なじみになってくる。そうなると、しめたものである。つまり、私は「身内」になったのだ。この「馬馬虎虎」の世界では、「身内」と「外」は万里の長城くらいの壁で隔てられており、「身内」になると、おいしいことがたっぷりと与えられる。

長距離バスは、出発点と終着点以外どこにも停まらないというのが原則なのだが、なんと運転手は、私の都合のよい場所で降ろしてくれるようになるのだ。そして、助手席に座ってもいいという、党の中央委員クラスも持ち得ない「特権」を享受できるのである。

助手席に座って運転手と世間話をしていると、時間などどうでもいいという気分になってくる。いや、「馬馬虎虎」の世界も、またよいものである。

七、広東の食材

みなさんを、わが街の市場に案内しよう。

私は毎朝八時に、市場へ買い出しに行く。店の女の子と二人で、例のバイクタクシーに乗り込むのである。私たちが行く市場はかなりの規模で、ありとあらゆる食材がそろっている。

一階は肉類や魚、豆腐や麺の材料の店が並んでいる。肉屋は百軒ほど、すべて一坪程度の小さな店ばかりだ。そのうちの約八十軒が豚肉の専門店で、その他は鶏、アヒル、ガチョウ、ウサギなどの専門店。よく見るとヘビ、カエル、トカゲ、そして犬肉の専門店もある。

ところが、これだけバラエティーに富んでいるのに、牛肉を扱っている店はたった二軒。中国では、牛肉はポピュラーではないのだ。その数少ない牛肉も南の地方では、本来農耕用の水牛の肉を使う。肉が固くて、お世辞にもうまいとはいえない代物である。もちろん、私の店では使っていない。私の店で使っているのはアメリカからの輸入物で、深圳《シンセン》まで買い出しに行っている。

したがって、肉のコーナーで私が買うのは、豚肉と鶏肉ということになる。牛肉とは対照的に、この二種の肉は信頼できる。とくに、鶏は放し飼いの奴をたった今絞めたばかりのもの。工場のような養鶏場で大量生産された日本のブロイラーとは違い、身が締まって味が濃い。

その奥は水産コーナーだ。イカ、タコ、マダイなどは当たり前として、冷凍のサンマなどもある。中国人がサンマを食べるとは知らなかった。ひとつ勉強になった。貝類もハマグリ、アサリとおなじみのものが並ぶ。さらに、ホラ貝、シャコ貝まで並べられているのは、いささか驚きである。

亜熱帯地方独特の、名前を知らない魚もある。やはり、ここは日本から遠く離れた南国なのだ。淡水魚も多い。コイ、フナ、ウナギ、ドジョウ……日本と同じだ。いや、よく見るとやはり違う。一メートルを超えるソウギョ、はてはブラックバスやピラニアまで売っている。

さて、その隣は……タガメ、ミミズ！　まあ、たしかに「水産資源」であることに違いはないが。ちなみに、ミミズは炒めて食べるとうまいとのことだ。

二階に上がってみよう。ここはすべて野菜のコーナー。店は約百軒ある。ダイコン、白菜、キャベツなど、日本と同じものもあるが、まだまだ知らない野菜のほうが多い。ここで料理人としてちょっと反省の念がわいてきた。知らない食材に挑戦してこそ、ここで料理人としての料理人ではないか。とはいえ、一つだけ挑戦した中国野菜があった。「空心菜《コンシンツァイ》」だ。

茎の中が空洞になっていて、形はセリに少し似ている。しかし、味はセリと対照的にまったく癖がなく、おひたしにして食べるとうまい。炒めてもよい。メニューに加えたところ、「故郷の味覚」を思い出させるのだろうか、日本から来たお客さんには好評だった。

さて、こうした食材はどう使われるのだろうか。この疑問に答えるために、市場の帰りにホテルの厨房を覗いてみることにしよう。

立ち寄るところは、近くの四ツ星ホテルの厨房。このホテルは北京・上海・広東、それに海鮮料理と、中国各地の料理がひととおりそろっている。したがって、使う食材の種類も当然豊富なはずである。

厨房に入ったとたん、予想とたがわぬ光景が目に飛び込んできた。さっきの市場が、そのまま引っ越してきたようである。ヘビ、カエル、タヌキ、ハリネズミ、ロバ……これらが生きたまま飼われているのだ。

黒目がちなロバの目と私の目が合った。なにか寂しげである。きっと、自分の運命を本能的に悟っているのだろう。ふと哀れみを感じたが、料理人としての好奇心がそれを打ち消してしまい、私の目はまたすぐに面白いものはないかと、別の「食材」を探していた。

その視線の先に巨大な「食材」があった。長さ二メートル以上、胴回りは缶ビールほどもあるキングコブラである。

料理人に「捌く時は知らせてくれ」と頼んでおいたら、一週間ほどして呼びに来てくれた。好奇心いっぱいで駆けつけてみると、一人のスタッフが左手に革手袋をはめ、そいつの鎌首を押さえている。右手には、あのでかい中華包丁。その右手が振り下ろされて、首と胴が別れ別れになった。

吹き出た血をボウルに受ける。その血にワインを混ぜて、客に提供するとのことである。三人がかりで皮を剥ぎ、熱湯にくぐらせて下準備は完了。あとは、輪切りにして揚げたり、炒めたりするらしい。またスープも絶品だという。

今回は地元の金持ちのオーダーということで、キングコブラ一匹で八人分だそうだ。ちなみに、値段は三千五百元。日本円で約五万円になる。

しばらくして、また厨房を訪ねてみると、例のロバの姿が見当たらない。「二日前に結婚披露宴があり、大部分の肉をそのメインとしてだした」と言う。用事をすませて表にでてみると、「ロバ肉一キロ三十六元（約五百五十円）」という張り紙が、南国の日差しを受けて光っていた。

八、中国人の交通マナー

今までも述べてきたように、中国人の交通マナーははっきり言って最低である。私は世界三十九カ国を回ってきたが、一番悪いと断言できる。

バスに乗る時は誰もがわれ先に乗り、「譲り合い」の精神などこれっぽっちもない。人がそうなら車もそう。信号が赤に変わっても、車はどんどん横断歩道を走り抜けていく。公共交通機関のバスまで信号無視である。私はどうしてよいかわからず、結局、横断歩道を渡れなかったこともある。

中国は「右側通行」であるが、バイクは左側を堂々と走る。建前は「歩行者優先」だが、実際は「車優先」で、歩行者に「どけどけ」と言うようにクラクションをやたらに鳴らす。運転手は、走行中に窓を開けて平気でタンを吐く。禁煙のステッカーを貼っていながら、タクシーの運転手が率先してプカプカ……。

最初の頃、私は運転手がタバコを吸うと、その場で車を停めさせて降りることにしていた。運転手はわけがわからず、よくもめたものである。私が禁煙ステッカーを指差しても、まだ「わからない」という顔をする。

彼らにとっての「ルール」とは、紙に書いてあるおまじないの類なのだろう。実際には意味はないのである。そういうわけで最近の私は、長距離タクシーに乗る時は前もって運転手にタバコを吸うかどうか聞くことにしている。

日本では、犬が「信号待ち」をしている姿をよく見かける。「赤は渡ってはいけない。青は渡ってもよい」ということを理解しているかのようである。しかし、犬の目の色覚の幅は人間より狭いので、赤と青の区別はつかない。実際は人の行動を学習して判断しているのである。

ところが、中国にも「信号待ち」をしている犬がいたのである。人間様が交通ルールを無視しているのに、どうして学習したのか不思議なのだが。

ある時、私は国道を横断しようと信号待ちをしていた。ふと、あたりを見ると、たくさんの人に混じって、一匹の犬が信号が青になるのを待っている。信号が青になった。さて渡ろうかと思った時、ドーンという音がした。

「ルール」を守っていたその犬が、はねられたのである。犬は苦痛に耐えかねて、キャンキャンと鳴き声をあげている。

私の心はいささか怒りに燃えた。「ルール」を守っていたものが被害をこうむる――こんな理不尽なことがあっていいのか。

「雷鋒《ライホウ》同志」が自分の身を犠牲にして「人民に奉仕する」精神をわれわれに教えてくれたのなら、この犬は「法治」精神を自分の身をもってわれわれに教えてくれたのである。

しかし、こんな感想は情緒過多の一日本人の感傷に過ぎない。犬がキャンキャンと鳴いているその最中、二人の男が近寄ってきて黒い竹の棒（実はサトウキビだった）で、犬の頭を一撃した。

安楽死させたのかと一緒にいた通訳に尋ねたところ、「犬を家に持って帰って食べる」という答えが返ってきた。

※一九六二年に殉職した人民解放軍の班長

九、中国のドリアン

中国の果物はどれもこれもみな安い。そして非常においしい。リンゴやバナナや柑橘類は、一年中果物屋の店先にある。リンゴは日本の「富士」によく似ている。日本円にして一個十円から二十円というところか。バナナは地元でいくらでもとれる。なにしろ、台湾よりも南に位置しているのだから。これは一本五円程度の見当だ。

もちろん、「旬のもの」もある。三月——枇杷のはしりだ。冷蔵庫で冷やして食べるとうまい。これも一個五円というところか。六月——かの楊貴妃が愛した茘枝《レイシ》（ライチ）のシーズン到来だ。近郊の農村ではあたり一面、その赤い実でいっぱいになる。冷蔵庫で冷やしたのを一個口に入れたとたん、その手が止まらなくなるから困ったものだ。

さて、舌というのは何にもまして「保守的」なものである。とりわけ果物のような嗜好品は、どの国でも現地のものしか受けつけないというのが一般的である。

しかし、現在の中国では、これも「消費社会化」のあらわれだろうか、輸入物や遠隔地からの果物も市場に出回っているのだ。

たとえば、梨。日本から「二十世紀」と「豊水」が輸入されている。「富有柿」は韓国からだ。日本の生産技術を韓国が学んで、それを中国に輸出しているのである。いや、たしかに地球は狭くなっている。もっとも、値段は現地の物と比べて高く、一般の人々が常時食べられるというまでには至っていないようである。

また、はるかシルクロード方面からやってきた果物もある。哈密瓜《ハミグア》である。形も味もプリンスメロンといった感じであり、マスクメロンほど濃厚ではなく、まくわ瓜ほど淡白ではないと言ったらよいだろうか。

輸入物の中で別格と言えるのが、タイからきたドリアンだ。最初見た時、《中国人がこんなものを食べるのだろうか》という感想が真っ先に浮かんだ。ご存じのようにその匂いは強烈で、「蝿が好む」匂いと言っても言い過ぎではない。東南アジアのホテルでは、持ち込み禁止になっている果物である。

しかし、また「トロピカルフルーツの王様」という称号を持つ超高級果物でもあるのだ。値段は中ぐらいの大きさのもので千円、大きいものでは千五百円、時には二千円ぐらいすることもある。まず、一般の中国人は手が出せないと言ってよい。私はその王様に仕える奴隷の一人になってしまった。一度その味を知ったら、最後まで抜け出せない、まさに、麻薬のような魅力を持つ果物である。

まず、中の実をとり出して、一個一個ラップで包み、二重のビニール袋に入れる。さらに、それを密閉容器に入れて冷蔵庫で冷やすのだ。これくらい厳重にしないと、あの匂いが冷蔵庫に充満するからである。それでも冷蔵庫を開けた時は匂うくらいである。よく冷やしたドリアンを食べる時は、本当に幸せを感じる。まるで天然のソフトクリームを食べているようだ。

店の女の子に勧めても、案の定、ほとんどの子は食べない。しかし、一人だけ河南省出身の子がドリアンを気に入っていた。私が買って帰るとニコッと笑い、「私にもちょうだい」という顔をする。「これは老板の特権」と言ってやりたいのだが、気弱な私は結局二人で食べることになってしまう。

ほかの子たちに勧めると、みんな鼻をつまんで逃げ回る。その様子がとてもおかしいので、何度も勧めてみたが、今のところ「食べてみよう」という勇気のある子はまだいない。

「中国のドリアン」――これは、現在の中国を象徴しているかもしれない。まだほんの少数かもしれないが、異国のものを買える余裕、そしてなにより、異国のものを試してみよう、という好奇心を持った中国人が生まれているということなのだから。

十、麦当劳《マクドナルド》と肯徳基《ケンタッキー》

私の店の近くに、マクドナルド（麦当劳）がオープンした。広州などの大都市ではずいぶん前からあったが、この街では九九年のこのオープンが最初である。開店後三カ月はまったく客が入らなかった。

現地の人が、ハンバーグの味にまだなじめなかったのであろう。三カ月を過ぎてから徐々に客が増え始め、一年後にはたいへんな賑わいとなった。土曜・日曜などは行列ができるほどだ。

ハンバーガー・フライドポテト・コーラのセットが十九元（約三百円）。五元もあれば十分に食事ができる中国にしては、かなり高い食べ物である。それでも客が入っている。ある程度の金を持っている家の子供たちが客層なのだろう。地方出身の女子工員にとっては、まだまだ手が届かない食べ物である。彼女たちの一日分の日当にほぼ等しい値段なのだ。

マクドナルドオープンの一年後、ケンタッキー（肯徳基）フライドチキンもオープンした。これは開店早々から満員であった。マクドナルドでファストフードというものに慣れたのと、「鶏の唐揚」が中国人になじみの深い食べ物であったからだろう。

私は「鶏の唐揚」が好きで、また医者から牛肉・豚肉を控えるように言われていたこともあり、日本にいた頃はケンタッキーをよく利用していた。だから、オープンの話を聞いて《一週間に三回は行こうかな》などと思ったが、店の女の子たちのことを考えると、それはできないと思い直した。

フライドチキンを一回食べると、彼女たちの日当が飛んでしまう。そんな「高価な」ものを彼女たちに内緒で、私だけが食べるわけにいかないからである。そこで、私は市場で鶏肉を買ってきて店で唐揚にし、みんなといっしょに食べることにしたのである。

KFCならぬYFC（Yamashita Fried Chicken）というわけである。このYFC、なかなか好評だったと自負している。少なくとも、店の女の子は全員「おいしいよ」と言ってくれた。あの言葉はお世辞じゃないはずだが……。

しかし、女の子の関心は「流行のもの」にあるということは、私のようなオジサンでも充分に知っている。彼女たちの内心は《ＹＦＣよりやっぱりＫＦＣ、マクドナルド》というところだろう。そこで、彼女たちの誕生日には、本物のケンタッキーフライドチキン、マクドナルドのハンバーガー、ついでにバースデーケーキを買ってやることにした。

自分で言うのもなんだが、本当に大甘の経営者である。

あの子たちは、今頃どうしているのだろうか。

十一、主人のものは自分のもの

ある時、日本に帰った私はボールペンをたくさん買って店に戻った。中国にはない芯の太い、少し値段の高いボールペンである。ファクスを送る時に使おうと思ったのである。しばらくすると、大事に保管していたはずなのに、少しずつ減っていく。

ほうぼうを捜してみると、女の子たちの部屋から次々に見つかった。「これはファクスを送るために必要なもの。中国では手に入らないから大切にしている。欲しいのならそう言ってほしい。いくらでも買ってあげるから」とやさしく言っても、頑として「自分で買ったのだ」と言い張る。それ以上、追いつめるのもよくないと思い、その時は我慢した。

しかし、しばらくするとボールペンにとどまらず、いろいろなものがなくなっていくのだ。しまいには、お客からもらった名刺までなくなっている。調べてみると、彼女たちのベッドの下からそれらのものが続々とでてくるではないか。この時ばかりは、私の堪忍袋の緒が切れた。とりわけ名刺はいけない。挨拶状が書けなくなるではないか。

問いただしていくうちに、名刺を盗った目的がわかった。お客に電話をして外で会い、お小遣いをねだったりしていたのである。この名刺を盗った子だけは、即刻クビにした。

彼女たちには、罪の意識というものがあまりないようである。「主人のものは自分のもの」であり、彼女たちは「家族のものを借りた」に過ぎないのである。

そういえば兄の会社では、明らかに犯罪といえる事件が起きたこともある。会社の倉庫から靴の材料の牛革が、仕入れたその日のうちに全部なくなったのである。日本円にして三千万円相当。ついでにと思ったのだろうか、食糧倉庫の米の袋もなくなっていた。

警察が来て捜査を始めると、三人いるうちの守衛の一人、資材係、女子事務員の三人の姿が消えていた。間違いなく彼らの犯行である。しかし、中国では犯罪もまた「馬馬虎虎」である。

どじなことに、彼らは盗んだものを運び出す時、工場の塀の上の有刺鉄線に米の袋を引っかけたらしい。塀の外には、点々と米が落ちていたのである。そんな証拠もあって、男二人はたちまち「御用」。一人は無期懲役、一人は八年の刑に処せられた。ただし、女子事務員の行方は現在でも不明である。

これと比べれば、私の店の女の子の「犯罪」など、可愛いもの。今では《私のことを、身内と思ってくれたのだな》と考えることにしている。

十二、二個のバースデーケーキ

兄から電話があった。

「おまえの誕生日はいつだ」

「あさって。三月四日」

「よし、わかった。会社の連中を三十人くらい連れて行くから用意しておいてくれ。夜八時頃に行く。余った肉でいいから、安くしろよ」

「ＯＫ」

当日、やや遅れて八時半頃、総勢二十八人が私の店に集まった。通訳の崔《サイ》さんの手にはケーキと花束、幹部の劉《リュウ》さんが持っているのはでっかいシャンペンだ。なんと、掃除のおばちゃんの顔も見える。

兄が店の子たちに、「君たちの老板の誕生日だ。こちらへ来ていっしょに祝ってやろう」と言ってくれた。ところが、彼女たちはもじもじして、いつもの歯切れのよさはない。見ると一人がケーキ、一人が花束、一人がなにやらプレゼントらしきものを持っているではないか。どうやら、自分たちのケーキや花束に比べて、兄たちのそれがあまりにも立派なので、気後れしているらしいのだ。

そのことに気づいた瞬間――兄にはたいへん悪いが――、「シャンペン」のことも「一人で抱えきれないほどの花束」のことも、私の頭からすっ飛んでしまった。

感激した。涙がでた。

しかも、あとから聞くと、兄は「自分たちのほうでケーキを用意する」と彼女たちに伝えていたとのこと。それにもかかわらず、彼女たちはどうしても自分たちで買いたかったというのである。

かくして、この年のバースデーケーキは二個になった。合わせて百十四本のローソク。私は元プロのトランペッターだ。肺活量には自信がある。感情の高まりも加わって、その百十四本の灯を一気に吹き消した。

拍手、拍手……。拍手の音があまりに大きいので、よく見ると店のなじみもいっしょに参加してくれている。またまた兄には悪いのだが、私が食べたケーキは店の子たちのほう。胸がつまって、なかなか喉を通らなかった。

その後、誰かが二次会をやろうと言いだし、総勢三十人くらいで近くのホテルのディスコへとくり出した。この「百十四＋二歳のオジサン」も、深夜の一時まで若者に混じって手足をばたばたさせたのである。そして、部屋に戻るなりバタンキューとあいなった。

あの時のプレゼントのキーホルダーは、今も私の宝物である。

十三、抵抗していたら今頃は

私の店は、全員の寝室が二階にあった。五部屋あり、窓際の一つが私の部屋である。夏は暑いので、当然窓は開け放して寝ていた。

ある日の明け方、四時頃だったと思う。物音に気づいてそっと目を開けた。夢ではない。部屋の外の廊下で、ゴソゴソと音がしているのだ。ドアを静かに開けてみると、見知らぬ男が座ってなにかをしている。部屋から盗みだしたものをより分けている最中だったのだ。

私はゴルフクラブを手に「誰だ」と大声を上げ、部屋から飛びだした。ゴルフクラブを振り上げると、男は別の部屋のドアを開け、その部屋から下に飛び下りようとする。

私はその背後から後頭部をめがけ、クラブを振り下ろした。しかし的ははずれ、男の背中に当たっただけだった。続けてもう一度振り下ろしたが、今度はかすりもしない。もっとも、この攻撃にひるんだのか、あわてた男は隣の店の軒に飛び移り、そこから道路に飛び下りて逃げて行った。まるで軽業師のような身のこなしであった。

その後、あたりの様子をうかがってみると、隣の軒に梯子《はしご》が立てかけてあるのを発見。おそらく工事現場から梯子を盗みだし、これを使って隣の軒に上がり、そこから二階の窓に侵入したに違いない。手口とあの身のこなしを考えると「プロ」の泥棒だろう。翌日、全部の窓に鉄格子をとりつけた。

こんなことは一回きりの特別なケースだろうと思うのは、治安が行き届いている日本に住む人間の感覚。私の店はその後、その年の秋と冬にさらに二度も侵入されたのである。二度とも実際に被害にあい、冬の時は命の危険もあった。

まず、秋の時――やはり明け方のことである。

トイレに行こうと部屋をでようとしたら、中からかけてあったはずの錠がはずれているではないか。ドアを開けると、廊下に私のズボンが落ちている。《しまった。あっ、カバンが》と、部屋の中を慌てて調べると、今日家主に払う家賃一万元と福建省行きのチケットが入っていたカバンがない。

がっかりして、次に落ちていたズボンの中を調べると、案の定、中に入っていた財布もなくなっている。財布の中には、現金のほかに運転免許証、診察券、クレジットカードが入っていた。

廊下の様子を見てみると、鉄の扉が開いている。犯人はここから逃走したのだろう。一階に下りてみると財布が落ちていた。不幸中の幸いと言うべきか、現金だけを抜きとっており、ほかのものは無事だった。

その後、侵入経路がわかった。店の裏にあるプロパン倉庫の屋根から煙突をよじ登って二階のベランダに飛び移り、その窓を割って侵入したらしいのである。夏に鉄格子をとりつけた時、ここにもとりつけるべきだったと反省。ただちに鉄格子をとりつけたのは言うまでもない。

そして、その冬である。

部屋で寝ていると人の気配がする。そっと目を開けると、薄明かりの中で二人の男が部屋を物色中であった。しかも、一人は手に刃物らしきものを持っているではないか。私は寝たふりをして、そのまま男たちがでて行くのを待った。冬なのに、私の背中はぐっしょりと濡れていた。

彼らが去ったあと、盗まれたものを調べてみると、腕時計二個、カメラ、電気カミソリ、ノートパソコン、そして、なんとパスポートがなくなっていた。どういうわけか、現金は無事だったのだ。とにかく、パスポートが盗まれたのは痛い。パスポートがなければ国外はもちろんのこと、国内線の飛行機にも乗れないのだから。

したがって、上海領事館でパスポートの再発行をしてもらうことも、このままでは不可能である。兄と相談した結果、工場の技術指導員ということにして（中国では技術指導者というと、なにかと優遇されるのである）警察に紛失証明書を発行してもらい、上海行きの飛行機になんとか乗ることができた。再発行にかかった費用は、飛行機代も含めて二万元（約三十万円）近くにのぼった。

とはいえ、あの時抵抗していたら、今はこの世にいないかもしれないのである。「命」に比べれば二万元など安いもの。私はそう考えることにした。それに、上海見学もできたことだし……。

それにしても、二度も侵入されて戸締りを徹底していたはずなのに、どうして簡単に忍び込むことができたのだろうか。

その答えは、しばらくしてからわかった。なんと、店の厨房の男子従業員が手引きをして、裏の錠を開けていたのだ。しかも、私の部屋の鍵はチャンスを見て合鍵をつくっていたという。用意周到というほかはない。

「身内」になったと思っていた私が馬鹿なのだろうか……。

十四、何がどうなっているのか

ある時、店の女の子が「郷里から電話があり、家族が病気なので帰らせてほしい」と言ってきた。そういうことならと、私は許可をだし、彼女はあわただしく荷物をまとめて、バスで広州駅へ向かった。

ところが、彼女が出立してから一時間半くらい経って、本人から電話があった。泣きそうな声で「今、広州にいる。荷物とあり金全部を盗まれた」と言うのである。幸いなことに、ポケットに五元札があったので電話をかけることができたらしい。私はすぐ広州駅に駆けつけ、そのいきさつを聞くと——。

駅で小さな子供連れの夫婦らしい男女が声をかけてきて「どこまで帰るのだ」と自分に尋ねたので、「吉林省まで」と答えたところ、「私たちもその近くまで」と言う。同郷人ということですっかり気を許し、トイレに行く時、荷物を見てもらうことにした。ところが、トイレから帰ってみると、人も荷物も影も形もなくなっていた、と言うのである。

その日までの賃金はすでに払っているので、彼女は文字どおり一文なし。私は、「また店に戻って働いて返せばいいから」と一千元を渡し、泣きじゃくりながら汽車に乗る彼女を見送ってやった。

しかし、その後彼女からはまったく連絡がない。あとでわかったのだが、家族の病気の件も盗難の件もまったくのウソだったのである。それどころか、最近彼女を東莞市で見かけたという情報も私の耳に入ってきた。それにしても、あの時の彼女の涙がウソだとはとうてい思えないのだ。

またある時、兄の工場でこんなこともあった。

工場の掃除のおばさんが、故郷に送金するため郵便局に行ったところ、見知らぬ男が声をかけてきた。

「おばさん、そこになにか落ちているよ」

見ると、封筒のようなものが落ちている。そっと開けてみると、中にお金がいっぱい入っていた。

「おばさん、こっちへおいで。二人で山分けしようや。ところで、どこで働いているの」

「近くの靴工場さ」

「ああ、よく知っているよ。ところで、俺も送金しなきゃならないんだ。ついでに、あんたの分も送金してやるよ。先に、その封筒を持って帰りな。俺はあとで工場を訪ねるから、門の前で待っていてくれ」

おばさんは、送金する金を男に託し、封筒を持って工場に帰った。ちょうど、その時、息子が面会に来ていた。おばさんはさっそく息子に「あたしゃ金持ちになったよ。ほれ見てごらん」と封筒を開けて見せると、中身はいつのまにかただの紙に。おばさんが男に渡した金額は千九百元（約三万円）。四カ月分の給料に相当するとのことだった。

私自身も、この種の手口に遭遇したことがある。この時は、その話を聞いたあとだったので被害にあわずにすんだが、もし、この話を聞いていなかったら……。

不思議な話をもう一つ。

私と店の女の子が買い物に出かけた時のことである。大勢の人だかりができているので覗いてみると、道路の上に八人の男が座っている。その中の二人がしきりになにかしゃべっている。すると、ほかの六人はポケットから財布や金をだして二人の前に置くのだ。

しばらくすると、六人は一列になってグルグル二人の男の前を回りだした。その最中、二人のうちの一人がビニール袋を持ちだし、差しだした財布や金や時計などを入れ始めた。その作業が終わったとたん、二人は待たせてあった二台のオートバイに乗り、あっという間に立ち去ってしまったのである。

見物客に聞くと、これは催眠術を利用した窃盗だという。二人の男は両手になにか薬のようなものを塗っており、その両手で顔をさわりながら呪文を唱えているうちに、相手は催眠術にかかってしまったとのことだ。

店の女の子の「涙」、「魔法の封筒」、それに「催眠術」——どれも見事なテクニックと言うほかはない。しかし同時に、私が実際に見て、また聞いた話自体が《本当にあったことなのか》という気もするのである。「合理性」の国、日本から来た私にとって、中国はまさにマジック・ワールドなのだ。

十五、買い物は中国人といっしょに

店の女の子は私にとって娘か孫か。いや、「孫」ということはないだろう。私は若いつもりである。それはともかく、そんな若い子と「デート」するのは楽しい。

ある日、店の女の子と商店街にウインドー・ショッピングに出かけた。洋服店のウインドーの前で、彼女が立ち止まってじっと中を見ている。なるほど、彼女に似合いそうな服が多い。

「買ってやろうか」

「いらない、いらない」

「遠慮するな。買ってやる」

それでも、遠慮している様子なので、彼女を無理やり店の中に連れ込み、彼女にぴったりの服を選んだ。もちろん、ここは私の腕の見せどころ。かなり値切って一件落着ということになった。

ところが、服を入れた袋を手に提げながら、私のあとについて来る彼女を見ると、ちっともうれしそうな表情をしていない。

「どうした。気に入らないのか」

「老板は馬鹿だ。高く買わされて」

プライドを傷つけられた私は、ややムッとして「いらないのなら返してきなさい」と言うと、彼女はとっとと店に戻っていくではないか。しばらくすると、彼女は先ほどの袋を提げ、ニコニコしながら姿をあらわした。

「まけてもらった」

私が値切って二百元にしたのを、彼女はさらに八十五元値切ったというのである。日本円で説明すると、三千円に値切ったのをさらに千八百円にしたというわけだ。「いらないから返す」と言ったら、「まけるから買ってくれ」と向こうのほうから言いだしたのだという。

私たちは余ったお金で、ケンタッキーのフライドチキンを食べた。彼女はその日一日、機嫌がよかった。その服は以前から欲しかったもので、それに憧れのフライドチキンのおまけがついたのだから、言うまでもないことである。

「買い物は中国人といっしょに」。ただし、これは相手が自分を「身内」と認定してくれた時に限る。そうでない場合は、逆に高いものを買わされる羽目になる。店の開店準備のため、兄の工場の男といっしょに、厨房用品を買い出しに行ったことがある。いざ支払いの段になると、彼は店の主人にしきりに何か言っている。中国語がわからないと思って、私の目の前で堂々とマージンについて交渉しているらしい。

当時の私は、たしかに中国語はまだまだだったが、雰囲気でなんとなく察したのである。念のため、あとで通訳を連れてその店に行き、主人に問いただすと、やはり十パーセントのマージンを払ったことが判明した。もっとも、仲介者がマージンをとるのは、中国では当たり前。「井戸を掘った人の恩は忘れない」（中国のことわざ）というあれである。

この「マージン」、みなさんには関係ないと思ったら大間違い。中国旅行をする時は気をつけてほしい。あなたが依頼した旅行社の人間も、ホテルや土産物屋などの業者からマージンをとっているかもしれない。当然、そのマージンの分だけ、あなたの支払う旅行費用に加算されるのだ。中国旅行をする時は、日本の旅行社がどんな中国の旅行社と提携しているか、見極めたほうがよい。

十六、老板、おかえりなさい

「老板、おかえりなさい」

店のドアを開けたとたん、店の子たちが花束を持って飛びだしてきた。

「みんな、どうしたのだ」

私はしばし呆然とした。ふと見ると、店の奥に兄が立っていた。


名古屋にいた時、私は狭心症の発作で倒れたことがある。バルーンカテーテル治療（血管を拡張させる治療）のおかげで一命はとりとめたが、医者からはもう一度治療を受けるように言われ、中国に来る前に二度目の治療を受けていた。中国に来てからも、静岡にいる義姉に毎月かかさず薬を送ってもらい、服用していたので体調はよかったのである。ところが、一年くらいして夜中に胸がチクチクと痛みだした。名古屋の医師に電話で相談してみたところ、もう一度検査をしたほうがよいということになった。

今回だけはどうしても気が進まず、《行くべきか否か》で眠れぬ夜が続いたが、結局、兄だけに事情を話し、従業員には「ほんの里帰り」ということにして一人で日本へ向かったのである。

検査の結果、思ったよりも症状は軽く、四日間の治療で退院することができた。店をでてから一週間ぶりに、香港経由で中国に帰った日、バスの中から電話をかけていたので、みんなが出迎えに来ることは予想していたが、こんな出迎え方は想像もつかなかった。

兄の姿を見て、私は瞬時に了解した。《ああ、兄は店の子たちに本当のことを伝えたのだな》と。

もちろん、「約束違反」をとがめる気などはどこかに飛んでいき、みんなと私は抱き合ってただただ涙を流すだけだった。げっそりやつれた私に気づいたのか、兄の目も潤んでいた。私はわざと陽気にふるまった。

「もう大丈夫だ。ほれ、こんなに元気だ。みんなに心配をかけてすまなかった」

口の悪い洗い場のおばちゃんなどは、

「ほれ、私の言ったとおりだろ。この老板は、ちょっとやそっとじゃ死なないよ」

などと、相変わらずの憎まれ口をたたく。

その日は臨時休業となり、またまた焼肉パーティーとなったのは言うまでもない。

「おかえりなさい」という言葉は、これまで何度言われただろうか。しかし、この時の「おかえりなさい」だけは、決して忘れることはないだろう。

十七、香港のスリは世界一？

今回はスリの話を。

ある時、兄の次男が日本から来るというので、香港の空港まで迎えに行った。見ると、大きなスーツケースを持ち、肩にはショルダーバッグをかけている。どう見ても「お金持ちの日本人」の姿である。

つまり、本人はそれと知らずして「泥棒さん、いらっしゃい」と言っているのだ。そして、私の危惧はそのとおりになった。

空港から広東行きのフェリー乗り場へ行き、乗船場のエスカレーターに乗った。このエスカレーターは急勾配でとても長く、一階から三階まで直通である。さて、三階に着いた時、甥はショルダーバッグの口が少し開いているのに気づいた。あわてて中を調べてみると、財布がなくなっていた。

私は気がつかなかったが、甥の話によると、エスカレーターに乗った時、一人の男が近づいて来て英語で、「荷物が重そうだから助けてやる。財布に気をつけて」と言ってくれたそうだ。それで、甥はズボンの後ろポケットの中に入れていた財布を、ショルダーバッグの中に移し替えたというのである。

三階に着いて甥がお礼を言おうとすると、その男の姿はなかったそうだ。つまり、この男はスリの仲間で、財布のある場所を確認するため、甥に話しかけたわけである。神業というほかはない。

次は、私の友人夫妻が香港に来て、中国の旅遊ビザを申請しに私といっしょに香港の中国旅行社に行った時のことである。

私たち三人は、小雨の降る中、香港のメインストリートであるネーザンロードを、中国旅行社に向かっていた。私は道案内の先頭に立ち、二人はやや後ろからついて来た。横合いから突然タクシーが飛びだし、友人はあわてて避けようとして転びそうになった。

その時、二人の東南アジア系の男性が、親切にも彼を支えてくれたそうである。彼は、海外での人の親切に感じ入りながら旅行社のドアを開けた。ところが、しばらくして何気なしにズボンの左前ポケットを探ると、なんと四十万円相当の札束が見事に消えているではないか。先ほどの男たちの仕業としか考えられない。

友人は一万円札の札束を半分に折って輪ゴムで止め、無造作にポケットに入れていたという。そのポケットのふくらみを、彼らは見逃さなかったというわけである。プロは一目見ただけで、どのポケットにどれだけ「お宝」が入っているか見抜くという。

また、スリにあいやすい場所というものもある。日本でも同じだろうが、公共交通機関の中である。中国では言うまでもなく、バスの中だ。

店の女の子と、太平《タイピン》というところにバスで買い物に行った時のことである。バスの中はとても混んでいるのに、なぜか一番後ろの真ん中の席だけが空いている。不思議とは思ったが気にせずに座った。

私の左右には二人ずつ男が座っており、彼ら四人は三つ目のバス停で降りた。さて、目的地に着き、バスから降りようとした時、お尻のあたりがなんとなく寒い。触ってみると、ズボンのその部分がスッパリと切れている。アッと思ってポケットに手を入れると、財布はちゃんとある。

しかし、その安堵感は瞬く間に消えてしまった。財布を開けてみると、ものの見事に中の金が消え失せていたのである。私たちが席に着き、四人の男が降りるまでたった五、六分間のことだったと記憶している。

知り合いに聞くと、このような場合、バスの運転手は彼らが剃刀を使うスリのグループだと知っているはずなのだが、仕返しが怖くてなにも言わないというのである。

なにしろ、こうした連中はスリとしての「プロ意識」もなく、「カモ」に気づかれると殴りつけて逃げるという、粗暴なグループなのだそうだから。

旅行者のみなさんが移動する際は、なるべくホテル専属のタクシーを利用するべきだろう。

十八、「大和撫子」はもちろん魅力的なのだが……

私のいた街のホテルの多くには、ディスコやカラオケが設置されていた。カラオケと言っても、若者で賑わう日本のそれとは少し違う。基本的には「男性のための社交場」、すなわち小姐《シャオジェ》（ホステスさん）たちの接待がある「カラオケバー」なのだ。

夜の六時半ともなると、ホテルにはチャイナドレスや、体にぴったりとフィットしたスーツなど、色とりどりの服装をした小姐たちが出勤して来る。そうした光景を見る限り、中国とはとても思えない「異空間」である。

ホテルによってランクはあるのだろうが、店の近くのカラオケバーは飛びぬけて美人が多かったように思う。なにより、そのスタイル。脚の長さと美しさは、残念ながら「大和撫子」の比ではない。

ところが面白いことに、彼女たちはほとんど広東省以外の出身なのである。そんな百花繚乱の中でも、とくに私の印象に残っているのは、四川省の子と新疆《シンキョウ》ウイグル自治区の子だ。

中国で、四川省の女性は肌の色が白いと言われているが、なるほど、そのとおり。「抜けるような肌の白さ」という表現が、そのまま当てはまるのだ。その白い肌を「抜けて」中のピンク色が、頬にうっすらと浮かんでいるのだから。もっとも、四川の女性は、四川料理の唐辛子のようにピリリと辛いというから、変な気を起こしてはいけない。

新疆ウイグル自治区の子たちは、まことにエキゾチック。青い目の子がいる。ウイグル族はトルコ系とされているが、彼らがかの地にやって来る以前のシルクロードの住民は、イラン系であったという。両者の混血が進み、アジア系とインド＝ヨーロッパ系のそれぞれの美しさをあわせ持つ、こうした美人が誕生したのであろう。

李白は、大唐長安の酒場の「葡萄酒の美味さと胡姫（イラン美人のダンサー）の美しさ」を称えたが、李白の友である阿倍仲麻呂も、そうした酒場に入り浸ったに違いない。その仲麻呂さんの千三百年後の後輩たる私たちもまた、場所と時代こそ違え、エキゾチック美人のいる酒場に入り浸っているわけである。

とにかく、藤原紀香ばりの女性がごろごろといるのだ。

先日、日本に帰った折、私は大阪駅の構内で「日本美人ウオッチング」を二時間くらい楽しんだ。さて、日本の女性は服装のセンスはたしかによいし、服そのものも高価なものである。だが、その服の「中身」が問題だ。はっきり言おう。スタイルだけは、うちの店の女の子たちにもかなわない。

いや、もちろん、〝ぽっちゃり、ころころ〟の大和撫子にも別の魅力はあるのだが……。

十九、鬼より怖い治安隊

東莞市には、軍隊や警察以外に治安隊というのがある。街の治安を守るために組織された自警団である。

広東省以外から来た人間は、身分証明証のほかに「暫住証」というものが必要で、これがなければ街には住めない。雇用主などが許可を申請して従業員に与えることになっているが、いわゆる「盲流《マンリュウ》」で、持っていない者もけっこういる。治安隊の基本的任務は、こうした不法居住者の取り締まりだ。隊員は軍隊上がりが多く、屈強な連中ばかりである。

不定期に、街のいたるところに検問所を設け、取り締まりを行っている。暫住証を持っていない者は、その場で拘束される。そして、トラックに乗せられて治安隊の分所へ連行され、取り調べを受ける。

単なる不携帯の場合は、知り合いに電話をして来てもらうだけで事はすむが、もともと持っていない者は、身元を引き受けてくれる人を探さなければならない。

そして、二百元の罰金を支払う羽目になるのだ。

夜の商売の女性の罰金は、それよりも高くなり、なんと千元。それが二回目ともなると二千元になる。一般労働者の月額賃金の三倍以上である。しかし、広東語ができると無罪放免になる、という場合もあるから面白い。

ほかに政府要人の視察時のパトロールや、喧嘩などの取り締まりもしている。ある時、街で五、六人の酔っ払いが喧嘩をしているのを目撃した。すると、あっという間に治安隊員が十人くらい駆けつけ、手当たり次第に警棒で連中を殴りつけた。理由を尋ねるどころか、喧嘩を止めもしない。

ひたすら叩きのめすのである。彼らがおとなしくなったあとは、トラックに乗せてさっさと連行してしまった。いかにも「統制国家」という感じではあるが、時には、指名手配中の犯罪者が治安隊の網にかかることもあり、善良な市民（お上に忠実な市民とも言えるわけだが）にとっては、頼もしい存在であることに違いない。

聞くと、給料は大変安いとのこと。私はまずはご苦労さんと言ってやりたい。

二十、中国の携帯電話事情

広東省は、中国の中でも携帯電話の普及率が高い地域である。街中いたるところで売っているが、値段は日本に比べてかなり高い。安いものでも一万円、高いものになると七万円くらいするのもある。

中国の賃金水準を考慮すると、安いものでも日本の二十万円ぐらいの贅沢品に相当するだろう。それでも、街では携帯を手にする人の姿が目につく。

自分名義の一般家庭電話をすでに持っている人は普通に申し込んでいるが、そうでない人は、たいていプリペイドカードを利用している。プリペイドカード電話は、電話機を買ってその場ですぐ使えるが、やや経費が高い。

まず、基本料金であるが、これは選択する電話番号によって違う。覚えやすい番号、またどういうわけか「八」が末尾につく番号は高いのである。一番安いのは末尾に「四」がつく番号だが、これでも千五百円は払わなければならない。

次に通話料。中国の場合、不思議なことに相手からかかってきても、通話料は必要なのだ。相手からの場合だとやや安くなるが、それにしても日本式に比べて通話料が倍近くなるのは自明だろう。私の場合は、日本からかかってくるのが多かったが、それでも月一万円ぐらいになった。

日本から長電話がくるたびに、「そちらからかけても私の通話料が必要なのだよ」と、相手に言ってやりたかったのだが……。日本のように、かかってきた場合は「こちらの通話料は無料」とできないものだろうか。ついでに言うならば、一般の電話についてはここ中国でも、かかってきた場合は無料なのである。

このようなわけで、たしかに中国では思った以上に携帯電話を目にする機会が多いが、あくまでもこれは都市に限っての話。まだまだ贅沢品なのである。農村部では、一般の家庭電話も普及していない。

農村出身が多い店の女の子たちも、携帯電話を持っていない。故郷に電話をする時は、実家近くの電話のある家に「十分後に電話をかけるから、母を呼んで来てほしい」と電話をするそうだ。そう、四十年以上前の日本の光景である。

夜の街の女性が手にする高価な携帯電話と農村の呼び出し電話、私には改革開放後急速に拡大した「農村と都市の格差」の象徴に思えてならない。

携帯電話といえば、こんなこともあった。

兄が一人の男とともに店に食事に来た。「誰だ」と聞くと、「携帯電話を買ってくれとつきまとわれているのだ」と言う。うまく追い払えなかったので、私に矛先を向けさせようという魂胆らしい。

見ると、たしかにその男は高価な携帯電話を手にしている。どう見ても七、八万円はする代物だ。私は面白半分で値段交渉に入った。

「いくらだ」

「三万円でいいよ」

「五千円なら買ってやる」

「それじゃだめだ」

と、いったん男は店を出たが、暫くするとまた戻って来るではないか。

「一万円でどうか」

どういうわけか、兄は「買え、買え」と目で合図している。しかし、私はきっぱりと「五千円じゃなきゃだめ」と、前の言葉をくり返した。

「もう千円だけ出してくれ」と男は歩み寄った。ここでやっと商談成立。

さっそく使おうとすると、「電池切れです」と中国語の画面表示がでた。何度やっても結果は同じ。うん、待てよ。電池が切れているならば画面表示自体がでないはずではないか。ニセモノだったのである。あまりに精巧にできているので、「ニセモノ王国・中国」に慣れているはずの兄も私も、見抜けなかった。

店の女の子が、話を聞いて笑うこと笑うこと。二人とも彼女たちに合わせて笑うほかはなかった。自分の迂闊さと、男の知恵への「敬意」の記念に、この「携帯電話」はとっておくことにした。

ボタンを押すと、相変わらず「電池切れです」と表示される。今では、もう一つの「思い出」もつけ加わった。

あの時の、今は亡き兄の笑い顔である。

二十一、トイレ掃除は経営者の任務

これだけは、まだまだ遅れているという感が否めない。都会ではかなり水洗トイレが普及しているが、農村は相変わらずである。そして、何より驚くのはトイレのつくり。扉の高さが胸の高さくらいしかないのである。したがって、外からその最中の姿が丸見えになってしまう。

その最中に外の人と「対面」することになるから、中国によく行く日本人の間では、「ニーハオトイレ」とも呼ばれている。「中国通」と言われるか否かは、この「ニーハオトイレ」に慣れるか否かと同義だ。

かつて、こんなことがあった。私の友人のお嬢さんが中国に留学していたが、トイレが汚いので、できるだけ我慢をしていたところ、とうとう膀胱炎になってしまい、しかたなく日本に帰国してしまったのである。残念ながら、私もいまだにこれだけは我慢ができない。

中国に来る外国人は「中国通」ばかりではない。したがって、少なくとも「観光地」と言われるところの公衆トイレは、「ニーハオトイレ」ではすまされないはずである。しかし、あまり有名ではない観光地のトイレは、「近代化」されていないのが現状である。

広東省に太平《タイピン》という街がある。アヘン戦争の主戦場で、大きな大砲やアヘン戦争についての博物館などがあり、ちょっとした観光名所だ。そこを観光した折、公衆トイレで用を足そうとした。私は小のほうだったが、「小」の隣に「大」があり、八人の男がいっせいにしゃがんで頑張っているのである。

もちろん、お尻は丸見え。そして、彼らの体を離れたものは、そのまま川へと流れて行く。それが波にプカプカ揺られて旅立っていく風景を、私の目はしっかりととらえた。

まあ、こんな具合である。北京オリンピックともなると、初めて中国に来たという観光客が、巷にあふれることになろう。西湖《セイコ》、蘇州《ソシュウ》、桂林《ケイリン》などの大観光地は別として、彼らが大都市近くの小さな観光地に行きたいと言ったら、どうなるのだろう。他人事ながら、やや心配である。

もっとも、「ニーハオトイレ」は習慣の差と言ったらそれまでである。逆に、中国人に言わせれば、日本の男の「立ち○○○」は天地に入れざる「醜行」となろう。中国、少なくともこの広東省では、私は「立ち○○○」にお目にかかったことがないし、私自身も中国ではしたことがない。「トイレ」というものに対する考えが、日本と中国では根本的に違うのかもしれない。中国人は《トイレは、もともと他人の目など気にする必要のない場なのだ》と考えるし、日本人は《そういうところこそ、他人の目を気にするべきだ》と考える。

私はいつも店の女の子たちに、「日本の私の家で一番きれいなところはトイレだ」と言っている。彼女たちは笑って私の言うことを信じない。だから、彼女たちのトイレ掃除はいつも「馬馬虎虎」。「もともと汚いところをきれいにしたってしようがない」ということなのだろう。結局、トイレ掃除は、老板たる私の任務ということになってしまう。

しかし、「ニーハオトイレ」も「立ち○○○」も「何カ月も掃除していないトイレ」も、少なくとも見た目によいものとは決して言えないだろう。「文化・習慣の差だからしかたがない」と言ってすまされることではないと思うのだが……。

二十二、広東省の建物と職人たち

東莞市の街は、ホテルやデパートは別にして、三～六階建ての建物が多かった。柱は鉄筋コンクリートで立ちあげ、壁はレンガ、窓の部分は空けておき、あとからアルミサッシを嵌《は》め込む――ほとんどの建物がこんな構造である。

問題は、この鉄筋コンクリートの柱だ。なんとも細い。地震に無縁な土地とはいえ、細すぎるのだ。また、コンクリートは手練りでセメント、砂、バラスの量の配合が、これまたいい加減なのである。

さらに驚いたことは、土地の有効利用ということだろうか、一階よりも二階のほうが広くつくられているのだ（一階は店舗、二階以上はアパート、事務所。時には旅館の客室に当てることもある）。どの点をとっても、日本ではまず許可されない柱である。

実際に倒壊事故も起きており、私はその現場を見たことがある。私の店からバイクタクシーで十分ぐらいのところだった。現場に行ってみると、そのビルは跡形もなく崩壊しており、あたり一面はレンガの山と化していた。事故から一日経っていたので死傷者の姿はなかったが、その光景はあの阪神大震災を思い出させるのに充分なものだった。鉄筋の剝きだしになった柱を見ると、やはり細い。

このビルはもともと二階建てだったが、細い柱はそのままで、その上に建て増しをしたというから驚きだ。当然と言えば当然の結果かもしれない。以前からタイルが落ちたり、ひび割れがしたりして兆候はあったらしいが、誰も（設計者も施工者も監督のお役所も）倒壊などということは考えもつかなかったのである。犠牲者は、ほとんど一階の店舗の人たちだったそうである。

もちろん、こうした事故の責任の大半は設計者などにある。個々の職人の腕には、感心させられる場合が多いのだ。

時折、ビルの建築現場を見ると、竹で組まれた足場の上で、職人たちが軽業師のような速さで作業をしている。とくに、タイル貼り職人の手際のよさには目を見張るものがある。店舗などの内装工事も見せてもらったことがあるが、ここでも、タイル貼り職人の仕事ぶりに、思わず引き寄せられてしまった。

中国では、内装にタイルを使うことが多い。料理屋の厨房なども、日本ではステンレスで仕上げることが多いが、ここではタイル仕上げが普通である。タイル職人の日当が安いので、ほかの内装よりもコストがかからないからである。聞けば、タイル職人の日当は六十元（九百円くらい）だという。彼らの仕事ぶりを見ると、私などはその倍以上の日当でもよいと思ってしまうのだが……。

ちなみに、私の店の厨房もタイルの内装だった。真っ白なタイル貼りの仕事場で料理をつくるのは、実に気持ちのよいものである。

別の意味で手際のよさを感じたのは、解体作業の職人たち。私の店の裏側に川が流れており、その川向こうに靴工場があった。経営不振でその三階建てのかなり大きな建物をとり壊すことになったのだが、解体作業はたった十二人の男が八日間で終わらせてしまった。それも、ハンマー一本で。

まず、ハンマーで各階の床を落とす。その作業が終わると、今度は逆に三階から柱と壁を落としていく。柱の鉄筋はハンマーではさすがに歯がたたないので、ガスバーナーで切断したが、その作業以外はとにかくハンマー一本。

彼らの筋肉は逞しく、贅肉はまったくない。パンツ一丁で、スポーツ選手のような体をしならせ、八日間ハンマーを振り続けていた。

二十三、医は算術？

東莞市の街にも総合病院がいくつかある。今回はそんな病院にまつわる話題を。

ある日、兄が帰国していた時のことである。一人の従業員が夜の十時頃、血相を変えて私の店に飛び込んで来た。私の顔を見るなり「金を貸してくれ」と言う。わけを尋ねると、「工員同士で酒を飲んでいるうちに口論、喧嘩となり、刃傷沙汰にまでなった。一人が救急車で病院まで運ばれたが、金を持っていないので診てくれない」とのこと。

半信半疑でいっしょに病院へ駆けつけると、応急処置もされずに入り口の椅子に寝かされているではないか。早速、手持ちの二千元（約三万円）を支払ってようやく診察・手当てという次第になり、なんとか一命をとりとめたのである。

彼は右脇腹を刺されて全治一カ月の重傷であったが、救急車で運ばれるような緊急事態でも、まず必要なのは「金」なのである。

もっとも、病院側にも言い分がある。中国では治療を受けても診療費を払わない（あるいは払えない）人が多いのだそうだ。そこで病院側は自衛措置として「保証金」の支払いを求めるのである。

それにしても、救急車で駆けつけた患者に対して、まず「金」とは！　毛沢東が文化大革命を起こそうとした気持ちが、ほんのちょっぴりわかったような気がする。

診療技術も、日本と比べるとまだまだである。兄の工場の技術指導者（日本人）が突然倒れて意識不明になり、前述の総合病院に担ぎ込まれたことがあった。やはり「金持ちの日本人」に対しては扱いが違う。この時は早速、集中治療室に運ばれて検査を受けた。診断は細菌性脳膜炎ということで、一週間後に意識を回復し、四十日後には退院することができた。しかし、その後、どうも今ひとつ調子がおかしい。

そこで、嫌がる本人を説得して無理やり日本に連れて帰り、成田空港に待機させていた救急車で都内の大学病院に直行させた。大学病院の診断によると、なんと、彼の脳の中には悪性腫瘍ができていたのである。

いいタイミングであった。

そのまま中国にいたなら、どうなったかわからない。彼は日本で手術を二度受けて、無事に社会復帰を果たしている。現在五十四歳。まだまだ若い。今後の健闘を中国から祈っている。

二十四、これじゃ、子供の遊びだ——中国のマージャン

中国の、というか、広東省の、というか、ここのマージャンはルールが非常に簡単。鳴こうが食おうが、なんでも上がれる。とにかく、雀頭と牌《ぱい》三個の組み合わせが四組あればいいのである。

日本のマージャンは、捨牌の様子、相手の食った牌などを見て可能な役を考える。つまり、相手のことを考えて打つ「大人」のゲームだが、ここのルールだと自分の手配だけを見て、あとは運に任せるという打ち方でもかまわないのだ。われわれから見ると、要するに「子供」のゲームなのである。

店が終わったあと、店の女の子たちとよくやった。二時間と決めて、それ以上は決してやらなかった。

私は最初に一元札を五十枚用意し、「今夜はこれだけ負けたらおしまい」と宣言する。その札束の厚さを見て、彼女たちは目の色を変えてかかってくる。ところがどっこい。私は自分で言うのもなんだが、元日本麻雀連盟公認の三段なのだ。

まともに打ってかなうわけがない。

さて、彼女たちの様子だが、捨牌は並べず無造作に河へ投げる。食えるのがあったら、とにかく「ポン、チー」。「フリテン？　何それ」――まあ、こういった感じだ。自分の手を見るのに精いっぱい。日本の二倍はあろうかという大きさの牌と格闘している。相手の様子などは、もちろんおかまいなしだ。

そんな様子を見て、私のいたずら心がむらむらとわいてきた。捨牌から拾って「ツモ」。全員まったく気がつかない。もっとも、あとで彼女たちの負けた分を返してやるのだから問題はない。いや、それどころか、こんなオジサンと遊んでくれたお礼にと、一人五元のチップをはずむのである。

また、決まり文句だが、本当に甘い経営者である。

ところで、その「清算」の時、負けた分をいつも多く言う「癖」のある女の子がいた。まあ、これはこれで可愛いものではないか。

日曜日、近くの公園では、朝早くから老人たちが木陰で卓を囲んでいる。朝から夕方までの「マージャンの日」である。昼食時には餃子、シュウマイ、麺類などの売り子がやって来る。賭けこそしていないが、これらの食べ物を買うのは、昼までで一番負けがこんでいる人の「義務」だ。そして、昼寝をしたあと、ゲーム再開となる。大体、六人くらいの面子で交替しながら打つとのことである。

私は少し離れたところから、老人の姿を眺める。なんとのんびりした風景だろうか。店の資金繰りでイライラしていた十分前の自分が、なんだか馬鹿馬鹿しく思えてきた。

二十五、蚊とゴキブリ

今回は、世界中いたるところで嫌われ者になっている蚊とゴキブリの話。

広東省は亜熱帯気候に属している。したがって、蚊もゴキブリも年中活動できるはずだが、不思議なことに夏は蚊をあまり見かけることがない。あまりに蒸し暑くて、活動できないのである。蚊の「夏休み」というわけだ。

真夏を過ぎて秋に入ってからが――秋とはいっても、北海道の真夏と同じぐらいの感じだが――彼らの活動期だ。中国の蚊は、日本の蚊に比べると生命力が強いのか、蚊取り線香程度ではなかなか死なない。それに、中国製の蚊取り線香は「いかにも蚊取り線香」というあの匂いもなく、つくりもしっかりしていない。

一個一個はがす時に、すぐ折れてしまうのである。また、どういうわけか、すぐに燃え尽きてしまい、長時間持たない。そしてなにより困ったことには、殺虫効果が弱いのである。

そういうわけで、私が寝る前に蚊取り線香に点火すると、蚊どもはササッと箪笥《たんす》の裏あたりに逃げ込む。そこで、じっと蚊取り線香が燃え尽きるのを待つのだ。直接、煙を浴びなければ死ぬことはないのである。明け方、蚊取り線香が燃え尽きた頃が「ニイタカヤマノボレ」だ。一匹、二匹どころではない。何匹もの蚊の集中攻撃である。いや、本当に憎らしい限りだ。

ところが、さしもの中国の蚊も、日本の蚊取り線香にはかなわないらしい。いったんこれに点火すると、どこに隠れていようとパタパタと「撃墜」ということになる。そこで、私は日本から来る予定の友人には、いつも蚊取り線香を買ってきてくれるように頼んでいる。

ところが、先に述べたように、中国の「蚊の季節」は日本の秋。時期はずれなので、日本で蚊取り線香を買うのは容易なことではない。いや、世の中というものは、なかなかうまくいかないものである。

それにしても、日本の蚊取り線香業界は、秋の南部中国市場に目を向けたらいいのではないか。「需要がないものは、需要のあるところで売れ」というのは、商売の大原則なのだから。

さて、もう一人の嫌われ者、ゴキブリである。

中国のゴキブリは、とにかくでかい。そして、けっこう遠くまで飛ぶのだ。私は隅に追いやられたゴキブリが「起死回生」の策として、二十メートルも飛んだのを目撃している。

こう書くと、いかにも「強敵」のように思えるが、実はそうでもない。動きが日本のゴキブリと比べてトロいから、スリッパで簡単に叩き潰せるし、殺虫剤にも弱いのか、殺虫スプレーの一噴きであっという間に昇天である。

すばしこく、殺虫剤も平気の平左で動き回る日本のゴキブリに、敬意を表したくなるぐらいだ。

二十六、夢に見た桂林（灕江下り）

桂林《ケイリン》のホテルの一室。早めに床についたというのに、私はなかなか寝つかれなかった。明日の朝は、いよいよ夢に見た灕江《リコウ》下りである。

朝八時、迎えのタクシーが来た。乗船場までは十分もかからなかっただろうか。予想どおり、乗船場は人、人、人である。日本語や英語の話し声。いや、聞いたこともない言葉をしゃべる人たちもいる。

さすがに中国を代表する観光地だ。現在の豊かさを象徴しているのだろうか、中国人の観光客が圧倒的に多い。ガイドの旗を見て驚いた。はるか黒竜江省からの旅行団である。

灕江下りは船賃、昼食代、帰りのバス・タクシー代を含むパッケージツアーだ。個人旅行で桂林まで来ることはできるが、灕江下りは原則としてパッケージツアーの形でしか参加できない。しかし、個人でふらっと桂林まで来た人でも、市内のホテルなどで改めて申し込むことができるから安心してほしい。

パッケージツアーは、外国人用と中国人用とにはっきりと分かれている。もちろん、外国人用のほうがはるかに高く、四百六十元（約七千円）が標準料金といったところ。中国人用は百元（約千五百円）前後だろう。内容に大差はないのだが……。

私たち（私と友人の二人）は、中国人用ツアーに参加した。しかし、初めて中国に来た人にはお勧めできない。安いことは安いのだが、前日チケットを買って乗船場に行ったら、自分の席に別人が座っていた、などということはざらなのだから。

船はゆっくりとスタートした。まず目にとまるのは「象鼻山《シャンビーシャン》」。巨象がその長い鼻を灕江に突っ込み、悠々と水を飲んでいる形をした岩だ。この象に見送られながら、私たちはいよいよ「水墨画の世界」に入って行く。

手前の岩は仏塔のようであり、向こうの山は水差しのよう。あの岩は観音様だ。この岩には、ぽっかりと大きな穴があいている。一口に「水墨画のごとし」と言うが、それぞれの景色はどこも似ているようで、それぞれに個性的であり、見飽きないのだ。

河岸では、水牛が透きとおった流れの中で、のんびりと水浴びをし、そのまわりでアヒルたちが遊んでいる。鵜飼をしている。よく見ると、中国の鵜は日本の鵜のように、綱で縛られていない。鵜飼の人も鵜たちも、なんとおおらかな暮らしぶりであろうか。ここは中国なのだ。そう、中国なのだ。

もう昼も近くなった。小姐（ウエートレス）が昼食のメニューを持ってきた。昼食代は込みだが、とくに食べたいものがあれば別料金でつくってくれる。また料理人の好奇心がわいてきた。調理場を覗いてみると、五人の調理師が忙しそうに働いていた。五人で百二十人分をつくらねばならないからたいへんである。

料理が運ばれてきた。私たちのテーブルは十人がけ。当然、見ず知らずの人と同席ということになる。しかし、そこは私の特技（誰とでもすぐ仲良くなれる）で、五分もしないうちに打ち解け、ビールで乾杯。料理は灕江の淡水魚が中心だ。とくにナマズ料理は絶品。きれいな水の中で育っているから、生臭さはみじんもなかった。

食事のあとは昼寝。「せっかくの景色をもったいない」なんて言うのは野暮。夢の中で、この風景を独占すればよいではないか。

川幅が狭くなり、水の色が濃くなった。岸壁がまわりをおおって空が狭くなった。灕江のハイライトの一つ、興坪《シンピン》である。それまでのあくまで牧歌的な眺めから、陰影のある神秘的な姿に、灕江の女神はお色直しをしてくれた。もう終点の陽朔《ヤンシャオ》も近い。

陽朔で下船。水墨画を売りつけようと、おばさんたちがどっと押し寄せる。流暢な日本語を話すおばさんもいる。あれほどの日本語だと、初めて中国に来た連中なら、ころっと騙されるに違いない。桂林が灕江下りの北のベースなら、陽朔は南のベース。

小さな町だが、外国人の泊まれるホテルもけっこうある。帰りのバス代を放棄して、ここに一泊するのもよいだろう。街に観光地があるというのではなく、観光地の中に街があるといってよいところだから、二、三分も歩けば奇岩奇石にお目にかかることができる。

私たちには、残念ながらその余裕がなかった。船着場で待っていたタクシーに乗って、桂林空港へ直行。すぐ広州行きの便に乗って、店についたのは夜の九時だった。

二十七、鳥も人も

ある日、街を歩いていると小鳥を売っていた。一つがいのセキセイインコがいたので籠つきで買い、兄の工場に持っていって中庭の木に吊り下げておいた。夜には部屋のほうに入れておくように、雑役のおばさんに頼んでおいたので、たちまちみんなの人気者になった。

ある時、工場を訪ねるとインコが三羽になっている。おばさんに尋ねてみると、最近一羽のインコが毎日のようにやって来て、籠の上に止まるようになり、扉を開けておいたら、勝手に中に入ったというのである。

その新入りは、人の言葉をしゃべるところからすると、きっとどこかの家から逃げて来たのに相違ない。メスのインコである。ははあ、そうか。他人の旦那にちょっかいを出したというわけか。

それからというもの、工場を訪ねるたびにこの三羽の関係を観察することにした。すると、時がたつにつれて「新入り」とオスはだんだん仲睦まじくなってくるではないか。そして、「本妻」のほうは籠の隅で寂しそうにしているのだ。

しばらくしてまた訪ねてみると、籠の中には「本妻」だけがぽつんとしていた。おばさんに尋ねてみると、「夕方、部屋に入れようと行ってみると、一羽しかいなかった」と言う。どうやら扉を閉め忘れたらしい。恋の逃避行である。オスは愛人と逃げてしまったのだ。

まことに、けしからん夫である。インコは人間のような表情はできないはずだが、私の目には、残されたメスがいかにも打ちひしがれた顔をしているように見えてならなかった。

店の女の子にこのことを話すと、「店の近くにもそんな性悪女がいる」と言った。その女性は、夫はもちろん子供も捨てて、愛人とこの街にやって来たという。中国では珍しいことなのだそうである。

ある日、店の奥にいると、「老板、老板」と一人の女の子が私を呼ぶ。行ってみると、ある女性を指差して「ほら、あの人、あの人。この前話した……」と言う。見ると、長身のなかなかの美人である。なるほど。

すると、洗い場のおばちゃんが「老板も日本から逃げて来たのかい」と私に矛先を向けてきた。

「いや、私は逃げてきたんじゃない。追い出されたんだ」

ここで全員大爆笑となった。

二十八、広東省のゴルフ場

ゴルフ場といっても五カ所しか知らないが、それなりの規模のものばかりである。私が最も気に入っているのは「ハーバープラザゴルフ場」。

香港の三大財閥の一つが経営しており、二十七ホールの規模だ。ゴルフ場はすべて塀で囲われており、あたかも「中国」からそこだけが切り離された空間のようである。とにかく広い。距離はたっぷりあり、まずは上級者向けコースと言ってよいだろう。

芝生は一年中青々として、コースのところどころにはブーゲンビリアが咲き乱れている。また、もともと茘枝畑だったそうで、六月になるとその名残の茘枝の木に赤い実がいっぱいなり、バナナやマンゴー、パパイヤもそちらこちらに見受けられる。

一言でいうと、「南国情緒いっぱいの大型高級ゴルフ場」ということになるだろうか。日本には数少ない規模のゴルフ場なので、日本から来る腕自慢のシングルプレーヤーも、八十以上たたく羽目になる。以前、兄の会社のお客さんといっしょに回ったことがある。何人かはシングルプレーヤーと言っていたが、誰一人として八十を切ることはできなかった。

週末には、香港からメンバーが多数押しかける。ゴルフ場のそばの湖にある別荘に泊まって、プレーにでかけるのだ。別荘を買うと、会員権もついてくるというシステムである。

ちなみに、値段は千五百万円ほどとのこと。週末はこうした「高級メンバー」に占領されてしまうが、平日は案外と空いていて、のんびり回れる。ただし、残念ながらビジターは、メンバー同伴でないとプレーができない。

場内にはゲイリー・プレイヤー・ゴルフスクールがあって、イギリス人のプロがレッスンしてくれる。そのスクールの練習場が、なんと三百五十ヤード以上。このことからも、このゴルフ場の規模が想像されるだろう。

あえて難点を言えば、プレーする人のマナー。香港人は別として、台湾人や現地の人はブレザーをあまり着用していない。これほどのゴルフ場なのだから、それなりの服装が必要だと思うのだが、どうだろうか。

この「ハーバープラザゴルフ場」、一度日本から挑戦に来られたらいかがであろうか。もし八十を切ったら、あなたは「本物の」シングルプレーヤーである。

二十九、バナナ畑で海鮮料理

中国人の友人が「昼飯をおごるから」と言う。海鮮料理の店で、川の上に竹でつくった建物があり、そこであたりの景色を見ながら食事をするのだという。私は京都・貴船の、川の上の桟敷を思い出し、一も二もなくＯＫした。

彼の車に四人が乗って出発。しかし、行けども行けども車はバナナ畑の中。これじゃ、貴船どころではない。さすがに不安になって「本当に、こんなところに海鮮料理を食わせる店があるのか」と言うと、彼はニコッと笑って「もう少しの辛抱だ」と言う。

やっとバナナ畑を抜けると、向こうに川が見えてきた。珠江《ジュコウ》の支流の一つである。その河畔に目指す竹の家はあった。中に入ると、エビ、カニ、アサリ、ハマグリ、それに名も知らぬ魚やマングローブガニも並べられていた。

早速注文。手早く料理してだしてくれる。中華料理はスピードの料理と言ってよい。もたもたした手つきは、それだけで料理人失格なのである。食べた。食べた。料理人の不幸は、他人の料理を食べる時、なんやかんやと考えて料理そのものを堪能できないことだが、この時ばかりは料理人としての自分を忘れた。そして安い。四人でたったの三千円である。

誘ってくれた友人が「例のやつはあるか」と主人に尋ねている。主人はうなずき、横のバナナ畑へと消えた。おっ、とっておきの海鮮か。まだまだ腹に入るぞ。しばらくして主人が戻って来た。

一抱えもあるバナナを抱いている。バナナと海鮮は取り合わせがいいのかなどと考えていると、主人が先ほどのバナナを一房持って来て、テーブルの上に置いた。うん？　バナナが「例のやつ」なのか。私の落胆ぶりは、友人や主人に気づかれたかもしれない。

しかし、礼儀である。私はその少し小ぶりのバナナを一本口に運んだ。驚いた。とにかく甘い。私は生まれて初めて、こんなにおいしいバナナを食べた。たて続けに二本、三本、とうとう五本を腹に入れた。たった今、海鮮料理を腹に思い切りつめたはずなのに、である。

話を聞くと、樹になったまま熟成させたものだという。そうでなければ、この絶妙な味はでないのだそうだ。

海鮮料理とバナナ、珍妙といえば珍妙な、南国らしいといえば、まさに南国らしい取り合わせである。しかし、私にとっては、めったにない「口福」であったことに間違いない。

このレストランは、東莞市の沙田《サーテン》というところにある。タクシーの運転手の多くもこの場所を知っているというから、「知る人ぞ知る」レストランなのだろう。

ただし、例のバナナはよほどのなじみにしかださないということだから、「口福」に遭遇するには、せっせと店に通うほかはない。

三十、「おやつ」いろいろ

中国で、手軽で安い「おやつ」といえばヒマワリの種だ。街の中では、どこでも売っている。買い求めると、鍋で炒ってビニール袋に入れてくれる。一元分買うとけっこうな量になる。

で、食べ方だが、これがけっこう難しい。皮を剥かなければならないが、これが慣れていない人にとっては難儀なのだ。しかし、店の女の子たちは器用に皮を剥き、次から次へと食べていく。

「老板も食べてごらん」

「日本では、これは小鳥の食べるものだ」

「いいから食べてごらん」

仕方なく一個食べてみると、これが香ばしくてなかなかいける。松の実のようでもあるし、ピーナッツのようでもある。子供の頃、近くのお宮さんの境内で拾い、炒って食べた椎の実にも似ている。私がその一個をようやく食べ終わった頃、彼女たちはもう五つくらい食べていた。

ところが、このささやかなおやつ、実はたいへんな問題がある。彼女たちは、剥いた皮をいたるところに捨てるのだ。いくら注意しても効き目なし。彼女たちの故郷では、足元に捨てたその皮をニワトリが食べるのだという。その習慣が体に染みついているらしい。仕方なく、老板たるこの私が、ニワトリの役目を果たすことになる。つまり、おやつのあとの掃除である。

スイカの種も、中国ではポピュラーなおやつ。スナックやバーなどに行ってもビールのつまみにでてくる。これは、ヒマワリの種以上に食べるのが難しい。小さくて皮が硬く、剥きづらいのである。その上、苦労の割には実が少なく、味もたいしたことはない。もしかしたら、皮を剥くという行為そのものが「ひまつぶし」になるから、人々に受けいれられているのかもしれない。

ややや、「高級」なのが「落花生」。断じて日本流の「ピーナッツ」ではない。あくまで赤い渋皮がついたままの「落花生」である。炒ったものはまだしもピーナッツの感覚に近いが、蒸したものや殻つきで干したもの、つまり「生の」落花生もある。

店の女の子たちはこの「生」を、実においしそうに食べる。私も一口食べてみたが、生臭くてこいつだけはどうしてもだめだった。辞書では「花生《ホアシェン》」をもちろん「ピーナッツ」としているが、これは誤訳といかないまでも、ずれた訳語と言ってよい。別の食べ物と考えたほうが実情に近いだろう。

中国南部を代表するおやつといえば、サトウキビである。これは街で長さ四十センチくらいのを一本として売っている。それをかじりながら街を歩くのだ。これは「食べる物」ではなく、甘さを「すする物」だから、チューインガムのようにかすが残る。

そして、そのかすは……。そう、ご想像のように街中にそいつを吐き捨てるのである。店の女の子たちは「そうしないと、掃除のおばさんが失業する」と言う。

なるほど。しかし……。

三十一、公開判決報告会

東莞市では年に一度、四月に「公開判決報告会」が行われている。刑が確定した凶悪な犯罪者（殺人・強盗・巨額の賄賂など）を公衆の面前に引き出して、彼らの罪状、そして判決を明らかにするのである。

大通りの十字路をすべて交通遮断して大型トレーラーで舞台をつくり、その上に犯罪者を上がらせて罪状・判決を大衆に公開するというセレモニーだ。

いつ実施するかは、事前に公布される。私が見たのは午後二時からであった。その時刻になると、パトカーに先導された囚人護送車が会場にやって来た。扉が開けられ「本日の主役?」たちが一人ひとり、看守につき添われ「ご入場」。二十代から三十代の男子十四人であった。

全員、後ろ手に手錠をかけられ、囚人服の胸と背中には番号がつけられている。さらに、彼らの姿をよく見ると全員裸足だった。

一人ひとり舞台の上に立たされ、罪状・判決などが係員から読み上げられる。

髪は全員丸刈りにされているが、二センチくらい伸びている者もいた。かなり長期間拘置されていたのであろう。彼らの様子には、もはや「凶悪な犯罪者」の面影はなく、神妙な顔で自分の罪の報告を聞いていた。

私は最後まで見届ける気がしなくなって、その場を立ち去ったが、会場には千人くらいの「観客」がいたものと思う。テレビカメラも回っていた。

その帰りにタクシーを拾ったが、運転手が言うには、死刑囚は報告会の当日に処刑（銃殺）されるという。「どこで処刑されるのか」と聞くと「この近くだ。行ってみるか」と言う。先ほどはいたたまれなくなったくせに、またまた持ち前の好奇心がわいてきて、「それじゃ、行ってみよう」となった。

処刑場は小さな丘の麓にあった。ちょっと離れたところから覗いてみると、なにやらそれらしい準備がしてあったので間違いない。処刑は午後四時からだそうで「見物」も可能だとか。また、その時の銃声もかなり遠くまで聞こえるという。

日本のように「犯罪者にも人権がある」などとは言わないのだ。なるべく多数の人間に、犯罪者の哀れな末路を知らしめる——これが「中国式」なのである。

それにしても、かつての中国は「ホテルのドアを開けておいても大丈夫」と言われた国なのに、現在の凶悪犯罪の増加はどうなっているのだろうか。とくに役人の腐敗には驚く。

新聞に「どこそこの書記が、巨額の賄賂で死刑になった」という記事が載らない日はないのだから。

三十二、中国人の仲間意識

店のトイレの修理を頼んだら、四人の職人が来てくれた。作業にとりかかってしばらくして、トイレの中で大きな音がした。五分後に作業現場のトイレに行ってみると、便器の水槽の蓋がなくなっている。してみると、五分前の大きな音は蓋が割れた音だったに違いない。

「どうしたのだ」

誰も何も言わない。

「割れた物はしかたがない。割れた蓋のかけらを持って来なさい。それを持って同じ物を買ってくるから」

「…………」

「怒っているのではない。蓋のかけらがないと、同じ物を買えないじゃないか」

「…………」

しかたなく、私は一人で蓋を買いに行った。ところが、その店には似たような色・デザインの蓋がたくさんあって、どれがうちの物かはっきりしない。適当に選んで買って帰ったが、案の定、本体と色が少し違った。

「だから言っただろう。サンプルさえ持っていけば、こんなことにはならなかったのだ」

で、また、くだんの店に取り替えに行ったが、結局同じ色の蓋はなく、再び作業現場に戻った。

私はたまたま虫の居所が悪かったこともあって、職人の見ている前で使い物にならなくなった水槽を、ハンマーで叩き割ってしまった。職人たちは呆気にとられていたが、それにかまわず、私はただちに水槽をすべて取り替えるようにと指示を出した。

あの四人のうちの誰かが、あの蓋を割ったことははっきりしている。しかし、彼らは決して仲間の不祥事を暴露しなかった。後に、私はその蓋が裏の川に捨ててあるのを発見した。

うちの店の女の子にも、似たような話がある。

ある日、女の子の部屋に入ってみると、カーテンが焦げているのに気がついた。

新聞紙の燃えかすと蚊取り線香の灰が残っていたので、床に新聞紙を敷いてその上に蚊取り線香を置いたと見える。新聞紙が燃え、それがカーテンに飛び火したのだろう。

このときばかりは「甘い経営者」も「鬼の老板」に変身した。

「新聞紙の上に蚊取り線香を置くなんて危ないじゃないか。誰がこんなことをしたんだ！」

「…………」

「今後のために、このことだけははっきりさせたい」

「…………」

「火事になったら、笑いごとではすまないんだぞ」

「…………」

結局らちがあかず、私の根負けになってしまった。

このように、中国人は「身内」を徹底的にかばう。それが明々白々の不祥事だとしても、である。それが同郷者だとしたら、なおさらのことだ。

こんな古い話がある。馬鹿正直な男が「自分の父親が他人の羊を盗んだ」とお役所に届けた。それを聞いた孔子様、この男を「不孝の罪」で罰するようにと言ったそうな。

「身内同士でかばいあうこと」は、中国では美徳なのだ。なにしろ、孔子様がそれを認めていらっしゃるのだから。

三十三、第二のテレサ・テン

街の劇場に、香港から十二歳の天才少女歌手が来た。「第二のテレサ・テン」が謳い文句である。「白髪三千丈」の国である。「またぞろ、誇大広告の類か」と思いつつ、またまた好奇心に駆られて劇場へ行ってみた。

予想は見事に裏切られた。うまい。目を閉じて聞いてみると、テレサ・テンそのものである。音程はしっかりとしているし、声も透きとおるようにきれいだ。私はかつてプロの楽団にいたことがあり、美空ひばりの伴奏をしたこともある。ステージから離れて三十年以上になるが、いまだに自分の耳だけは間違いないという自信がある。その耳が言うのだ。「彼女は大物になる」と。

ワンステージが終わって、彼女はいったん舞台袖に引っ込み、ダンサーたちが登場した。客は正直なものである。実にお粗末なステージに「早く引っ込め。彼女をだせ」と騒ぎだした。リンゴやミカンを投げつける連中もいる。

衣装替えをして、彼女が再び登場。客席に下りて来て、一人ひとりと握手。サービス精神も旺盛だ。くり返すが、まだ十二歳なのである。すぐそばで見ると、いっそうその可愛らしさがわかる。日本人であることを告げると、目を丸くして驚いていた。

ステージに戻ると、私に上がって来いという。喜んで上がると、私のために「昴」を歌ってくれるではないか。一曲終わって、今度はあなたの番だという。そこで私は「北国の春」を歌うことにした。一番を日本語で私が、二番を中国語で彼女が、そして三番は日本語でデュエット。会場は割れんばかりの拍手だった。

彼女は、香港でたいへん人気があるらしい。いずれ、日本でもデビューするのではないかと思う。

三十四、中国のテレビ放送

午前七時、テレビをつけると国歌の演奏が流れ、陸海空三軍の演習風景が映し出される。それを見るたび「ああ、ここは中国なのだ」と感じる。民族意識の昂揚も、テレビなどマスコミの役割の一つなのだ。そして、その民族意識の中心にあるのが、人民解放軍であるのは言うまでもない。

これに限らず、解放軍の兵士たちは、さまざまな形でテレビ番組に出演している。ニュースはもちろんのこと、歌番組にも現役軍人が軍服で登場したりする。そして、その歌唱力がまた惚れ惚れするほどのものなのだ。

テレビドラマでも、人民解放軍の兵士を主人公にしたものがある。「なんだ、共産党と政府の宣伝番組か」と見るのは早計。もちろん、本質的にはそうだと言ってよいけれど、友情あり恋愛ありで、けっこう楽しめる。

なにより兵士を「一人の人間」として描いているのに、私は好感を持つ。「残酷で悪辣な日本軍と国民党軍」に対する「勇敢で人民を愛する解放軍」などというワンパターンは、現代の中国ではもはや流行らないのだ。

もちろん、テレビ放送のほとんどが、前述のようないかにも「社会主義中国らしい」番組で占められているわけではない。逆に、台湾や香港のアイドル歌手の歌番組、日本やアメリカの漫画（ドラえもんが中国語でしゃべっている）、アクションドラマなど、一昔前なら「ブルジョア的腐敗文化」と糾弾された類のものが大半を占めている。

ドラマで人気があるのは、日本でいう時代劇。宋代くらいの話が多いように思う。正義の剣士が悪人どもを懲らしめるというパターンである。「黄門様」や「桃太郎侍」とちょっと違うのは、アクションがド派手なこと。たとえば、チャンバラシーンで空中を二十メートルぐらい飛んだり、掌から不思議な光線がでて相手を倒したりするのだ。

つまりは、「桃太郎侍」と「仮面ライダー」がドッキングしたものと思えばよい。それと、必ず美人の女性剣士が登場すること。日本でも時代劇でアイドルが女性剣士に扮することがあるが、殺陣のシーンはとても見るに堪えない。ところが、中国の場合は、しっかりとした訓練を受けているのだろう、そのアクションはなかなかのものである。しかも、日本のアイドルなど問題にならないくらい可愛いのである。

　もう一つ、人気があるのは、ＮＨＫの「大河ドラマ」にあたるのだろうか、歴史上の人物を主人公にしたドラマである。最近では、清の康熙帝《コウキテイ》と、秦の始皇帝《シコウテイ》時代の宰相・呂不韋《リョフイ》を主人公にした二つが印象深い。

　どちらも中国の国力を象徴する人物である。ひねくれて見れば、またまた「偉大なる中国」の宣伝かということになるが、「偉大なる人物」のミスや愚かさも描かれており、内面の葛藤や友人や親族との対立などもしっかりとカメラが映しとっているので、ドラマとしては合格点であろう。

　こうした人気ドラマの時間帯になると、兄の工場の前の食堂は百人以上の女子工員たちで賑わう。彼女たちにとって、テレビを見ることが一番の楽しみなのだ。

三十五、中国の偽札事情

中国には「ニセモノ」が多いというのは、もはや「定評」と言ってよいだろう。驚くべきことには、「偽札」さえ日常的なことなのである。

つい最近、「中国人民銀行」つまり政府は、新しいデザインのお札を発行し、さらに二十元札という、今までになかった新しいお札を登場させた。その背景には、偽札が大量に出回っているという事実がある。ところが、すでにこの新しいデザインのお札の偽札も出回っているのである。精巧ではないらしいが、外国人の私にとっては見破るのが難しい。

私の店でも、客が支払ったお札の中にけっこう混じっていることがある。例の好奇心で、私はそれらの偽札をちゃんと保存することにした。現在、私の手元には五元札以上の偽札がすべてそろっている。五十元の偽札などは五枚もある。なぜか五十元の偽札が一番多いのだそうだ。

それにしても、五元の偽札まであるのは不思議なことである。偽造しても割に合わないのではないかと思うのだが……。ほんとに中国はわからない。

偽札を見破る方法は三つある。一つは偽札発見器。この機械で光を当てると、本物は札の一部が青く光るが、偽札は光らない。一台三千円くらいだ。二つ目はペンライト。これも光を当ててやると本物は青く光る。これは一本百五十円。そして、三つ目は黄色いマジックペンだ。このペンでお札に線を書くと、偽札はたちどころにその部分が茶色に変色するのである。これは一本八十円である。

しかし、商売に携わる人はこんな道具を使わない。彼らは触っただけでわかるのである。私は、悪いことと知りつつ、市場で偽札を使ってみたことがある。しかし、そこの店の店員はたちまち偽札と見破った。この街の商売人で偽札を見破れないのは私くらいかもしれない。

だから、私の店に偽札が吸い寄せられて来るのでは、と疑いたくなる。マージャンの盲牌は得意なはずなのだが……。「私の店」は特別な例外として、偽札を掴まされる可能性が大きいのは、街の闇外貨交換だ。たしかに、銀行やホテルの両替コーナーで両替するよりレートは高いが、われわれはなんといっても外国人である。騙される割合は、当然多いと考えなければならないだろう。

三十六、屋上の月見

旧暦八月十五日（新暦の九月中旬頃）は、「中秋節」すなわち「中秋の名月」の日だ。この日は中国でも、もちろん月を愛でる。

日本であればススキを飾るところだが、広東省にはそんな習慣がないし、なによりもまだまだ暑い。「秋情」を楽しむという日本のムードとはかけ離れている。しかし、皓々と輝く満月とその下に集う仲間を愛する心は変わらない。

この前後、工場などはほとんどのところが三日以上の休みをとる。そして、休みに入る前には、祝儀袋と月餅が全従業員に配られる。残念ながら、飲食店にとってはかきいれ時になるわけで、休むわけにはいかないが、祝儀袋と月餅の習慣は同じである。

私の店の右隣は湖南料理の店で、老板（湖南省出身、三十二歳の好青年である）とは毎日のように顔を合わせていた。ある時、どちらからともなく「合同で月見をやろうか」という話が出て、私の店が入っているビルの屋上（六階）でやろうということになった。

はじめは、双方がそれぞれの料理を持ち寄ってはどうかという意見だったが、派手好き・賑やか好きの私が「いっそのこと、焼肉パーティーにしたらどうか。そこに湖南料理を持ち込めばよいではないか」と提案し、「ＯＫ」ということになったのである。

早速準備。近所の鉄工場でドラム缶を縦に半分に切ってもらい、大きな金網を二枚用意。木炭も大量に買って、その日に備えた。さらに、大切なことはビルのオーナーの許可。難色を示すかなと思ったが、すんなり承諾してくれた。オーナー一家も招待することにしたのは、言うまでもない。

当日は、午後三時頃から会場のセッティングを始めた。ビルにはエレベーターがないので、ロープの先に籠をくくりつけ、それで屋上まで材料を引っ張りあげた。約二時間でセッティングは完了。あとはパーティー開始の八時を待つだけである。

当日は双方とも店を早仕舞いすることにしていたが、パーティー開始の一時間前になっても隣の店には客がいて、なかなか帰ろうとしない。そこで、短気な私

は隣の老板に、

「食事中の客も全員屋上に上げてしまえ」

「それでもかまわないか」

「ああ、かまわない。客に話してみろ」

もちろん、隣の客は一も二もなくOKである。

かくして、双方の従業員、隣の店の客、オーナー一家など総勢三十数名の月見を兼ねた「大焼肉パーティー」が始まったのである。

私の音頭で「乾杯《カンペイ》」。いっせいに「焼肉」なるものに食らいつく。隣の連中やオーナー一家は、もちろん「焼肉」などというものは知らない。はじめは恐る恐るだったが、口に合うことがわかったらしい。食べるわ、食べるわ、少なくとも一人で日本人の二人分以上の量を腹に収めたに違いない。

そうこうしていると、人が一人増え、二人増えして総勢五十人くらいになった。見ず知らずの連中が多いので、私は隣の老板の知り合いかと思っていた。それで老板に尋ねてみると、彼も知らないという。

すぐに、事情は判明した。なんと、向かいの八階建てのビルの屋上にいた連中が、もうもうと立ち込める煙と歓声、そして肉の焼ける匂いに引きつけられてやって来ていたのである。

さらに驚いたことには、隣の店の客の知人も紛れ込んでいた。どうやら、彼らが携帯電話で「焼肉のおいしさ（と、ただということ）」を知人に宣伝してくれたらしいのである。

「ええい。そんなことはどうでもいい。まとめて面倒みてしまえ」

上機嫌な私を見て、隣の老板は苦笑いをしている。

それから三時間、何度「カンペイ」をくり返したことだろうか。二十回以上かもしれない。その日、当方で用意した肉は牛、豚、鶏が合わせて二十キロ、ビール百二十本、キムチ五キロ。それに、隣の店の湖南料理の数々。これらが、この三時間できれいに平らげられたのである。

その夜の月は、とても大きかった。

三十七、里帰り

私の店に、江西省出身の当時二十三歳になる娘がいた。目のクリッとした可愛い娘で、性格も明るく、お客にもなかなか人気があった。ところが、ある時から急にその明るさが消えた。事情を聞いても答えてくれない。

ある日、従業員用のトイレの前を通ると、中で吐いている音が聞こえる。そして、しばらくすると中からその娘がでてきたのである。

《ひょっとしたら……》案の定、そのとおりであった。婉曲に問いただすと、彼女は妊娠していることを正直に告白した。それにしても、相手は……。

答えはすぐにわかった。二十一歳になる四川省出身の調理師だった。どうやら二人は、以前からできていたらしい。店の子たちはみんな知っていて、「知らぬは老板ばかりなり」だったのである。

これも「日本人的感覚」かもしれないが、老板としてこのまま放っておくわけにはいかない。そこで、一人ずつ呼んで事情を聞くことにした。まず、男のほうからである。

「二人の仲はそのとおりなのか」

「そうです」

「結婚する気はあるのか」

「あります」

「よし、わかった」

簡潔明瞭、男どうしの会話である。とはいえ、もう少し詳しい事情を知りたくて、彼女にも尋ねてみた。

彼女の話によると、なんと二度目の妊娠だという。以前、ほかの店で働いていた時、好きな男がいて交際していたが、彼女の妊娠を知ったとたん、どこかへ行ってしまったとのこと。もちろん男も悪いが、法律上の問題もあった。中国の民法では、女性は二十二歳になるまで結婚ができないのだ。

その時、彼女はまだ二十歳だった。いたしかたがなく、彼女は中絶手術を受けたという。そして、今度だけはどうしても生みたいと、私に真剣に訴えてきた。

さらに、老板だけには「二度目の妊娠」のことを話したが、彼には絶対に話さないでくれと懇願する。

「本当に、彼のことが好きなのか」

「はい」

「よし、わかった。俺に任せろ」

すべての事情を胸にしまった私は、二人を呼んで再度意志の確認をした。

それから二カ月後、私は二人を彼女の故郷へと送りだした。結婚式には出席できなかったが、お祝いだけは彼の友人に託して手渡すことができた。

それから一年後。二人は可愛い男の子をつれて、私のもとへ「里帰り」をしたのである。ちょうど兄を亡くした直後だったので、暗い気分が一掃され、久しぶりに私の顔に笑顔が戻った。男のほうは以前よりも逞しくなったように見え、彼女は彼女で姉さん女房ぶりを発揮している。

「こら。俺の前であんまりイチャイチャするな」

またまた一同大爆笑。「里帰り」という言葉は誤用かもしれない。しかし、私の心の中では、間違いなく「里帰り」なのである。

その後、店をたたみ、福州に移ってレストランを開業した。

福州編

三十八、涙の卒業式

私は毎朝、近くの店で豆乳とパンの朝食をとるのが習慣になっていた。その店に新しい従業員の女の子が入ってきた。よく観察してみると、実に賢そうな女の子で、接客態度もよく、明るくて可愛い子だった。

だんだん親しくなってきたある日、私が「今度の休みに私の店に遊びに来ないか」と言うと、はっきりとした声で「はい」という返事が返ってきた。

休みの日、彼女は返事どおりに私の店にやって来た。私は近くの喫茶店に誘い、コーヒーを飲みながらよもやま話をした。彼女は、自分のことをこう話し始めた。

「私は幼稚園の先生になろうと思って、専門学校に通っています。今は夏休みなので、アルバイトで店員をしています」

なるほど、道理で普通の店員とは違うと私は納得がいった。しかし、会話の途中で時々ふっと暗い影が見える。

「なにか悩みごとでもあるの」と訊ねてみたら、「父親が最近ガンの手術をして、現在自宅療養中なんです」と言う。私は「そうなのか。それじゃ、近いうちにお見舞いに行くよ」と言って、その日は別れた。

二、三日して彼女から電話があり、「明日実家に帰るから、一緒に行ってくれないですか」と言ってきた。私は快くOKした。翌朝、二人でバスに乗り、一時間半ほどかけて彼女の実家に向かった。バスを降りて近くの広場まで行くと、母親と姉が出迎えに来ていた。そこから十分ほど歩くと実家があった。

部屋に通されてしばらく雑談していると、二階からゆっくりと、いかにも病人という感じの人が下りてきた。彼女の父親である。顔を合わせたとたん、私は《この人の命は残り少ない》と直感した。

その時、私は食道ガンで亡くなった兄の様子とだぶらせていたようである。見舞いの言葉を述べて引き上げようとすると、どうしても食事をしていってほしいと彼女は言う。こんな様子のところに長居をするのは悪いと思ったが、はっきりと断る理由もなかったので、私は食事をいただくことにした。

食卓にはほかに姉婿、彼女の弟がいた。あわせて七人の食事だった。よく観察してみると、父親だけは特別につくった粥を食べており、食事がすむと父親はまた一人で二階の部屋に戻っていった。この父親の様子からも、今この家が置かれている状況がよくわかった。多分、先ほどの私の直感は当たっているのだろう、と。

食事のあと、母親が「どうしても、お願いがあります」と苦渋の表情を浮かべて私にこう言った。

「娘は幼稚園の先生になるために、もう二年半学校に通っています。あと半年で卒業なのですが、父親の病気で残りの半年の学費がでなくなってしまいました。なんとか援助していただけないでしょうか」

そして、テーブルに両手をつき、深々と頭を下げたのである。

「いったい、いくら必要なのですか」

「二千五百元、前納しなきゃならないんです」

日本円にすればたった三万五千円ほどであるが、私の店の女の子四人分の給料だ。当時、私の店の経営状態は決していいものとはいえなかった。正直困った。しかし、私の口から出た言葉は「なんとかしてみましょう」というものだった。

店に帰っても誰にも話すことができず、一人で悩んだ結果、自分のカメラを売ることにした。それでも足りない場合は、借金すればよい。こうしてなんとか二千五百元を用意し、三日後に彼女の手に渡すことができたのである。その時の彼女のうれしそうな顔は、今でも忘れることができない。

その年の暮れ、私の店は経営不振で人手に渡ってしまった。そして、その後しばらく、彼女とは音信不通になった。私も新しい事業のことで頭がいっぱいになり、彼女のことは忘れていた。

そんな矢先、突然電話があった。「あさって卒業式なので来てくれませんか」と言うのである。その時、私は再びあの笑顔を思い浮かべた。「よかった」。

卒業式の当日、私はわざと遅れて行った。なんとなく照れくさくて、気がひけたのである。式場に入った私の姿を見たとたん、彼女はいきなり泣きだした。私が来ないかもしれないと思って不安だったのだろう。私のほうも照れくささのことなんかすっかり忘れ、「おめでとう、よかったね」と言ったあと、言葉を失った。

ふと気がつくと、私は彼女の肩に手を置き、涙を流していた。これはあとからわかったのだが、私が店を手離した頃、父親も亡くなっていたらしい。四十八歳の若さだった。

彼女のほうも、決して私のことを忘れていたわけではなく、何度も電話をくれたらしいのだが、どうしても通じなかったという。そんな彼女も、今では幼稚園の先生。月に一度は必ず私に電話をくれている。

先日、彼女の二十二歳の誕生日パーティーを、私が新しくオープンさせた喫茶店で開いた。私の親しい日本人の友人と彼女の同僚たちによるものだった。少人数であったが、なごやかなパーティーになった。私は言葉が通じなくても、心は通うものだということを実感した。

彼女は、もはや私にとって娘のような存在である。最近はすっかり明るくなって、どうやら恋人もできたようだ。そのうち、結婚の報告があるのではないかと、複雑な気持ちで期待しているこの頃である。

彼女の22歳の誕生日

三十九、恐ろしい体験

二〇〇四年の日本の春は「イラクの日本人人質事件」で大騒ぎだったらしい。ちょうどその頃、私もあの映像とそっくりな状態を体験したのである。

四月八日の午後、私は深圳《シンセン》にいた。香港の日本領事館に用事があって深圳から香港に出境したのだが、あいにく領事館はこの日から四日間休館で、しかたなく深圳に戻っていたのだ。友人に頼まれていた買い物のほかはなにもすることがなく、私はその日の夜行バスで福州《フクシュウ》に戻ることにした。

バスの切符を買ったのが三時頃。まだ出発時間までかなり時間があったので、近くのファストフード店で軽い食事をすませ、深圳の大通りをなすこともなく歩いていると、シャングリラホテルの付近で三十五歳くらいの女性から声をかけられた。

マッサージの呼び込みだった。二時間三十元だという。かなり疲れていた私は《マッサージもよかろう。暇をもてあましているし》と、気軽に誘いに乗り、その女性の後について行った。

二分ほど歩いただろうか。目的の建物があった。建物の中に足を踏み入れたとたん、ナイフを持った男たちがあらわれた。《あっ、そういうことか》と気づいた時はもう遅く、私は無理やり一つの部屋に連れ込まれた。

男たちは四人組で、二人がナイフを持ち、私のわき腹にそれを突きつけて「抵抗すると命はないぞ。おとなしくしろ」と言った。そして、あとの二人は私の両足を縛り始めた。

ナイフを持ったリーダー格と思われる男は二十七、八歳。やはりナイフを持ったもう一人のほうは二十五、六歳。いずれのナイフも、刃渡り十二センチほどの二つ折りだった。私の両足を縛った二人は、ともに二十歳ぐらいだったように思う。

こうなっては、助かることがなにより大切。私は自分から進んで財布をだし「全部やるから解放してくれ」と申しでた。財布の中には人民幣二千九百元、日本円二万円、中国銀行・建設銀行・興業銀行のキャッシュカード合わせて三枚があった。彼らは現金のみならず、このキャッシュカードにも目をつけた。

「カードの暗証番号を教えろ」

「教えてもいいけど、残金は少ないぞ」

「いいから早く教えろ」

しかたなく、私は中国銀行と建設銀行のカードの暗証番号を教えた。この時、興業銀行の暗証番号だけは教えるわけにはいかなかった。これは私の債権者のカードで、税金支払い専用のカードだったからである。

リーダー格の男はカードを私の手から奪いとると、若い二人に銀行に行くように指示した。残った二人は一人が私のわき腹を、一人が右の太ももをそれぞれナイフで何度も何度も軽く突き刺しながら、こう脅した。

「深圳の友人に電話を入れ、金を持って来させろ。言うことを聞かないと命はないぞ」

「私は現在、福州に住んでいる。今朝、深圳に着いたばかりだ。深圳には誰も友だちはいない。今夜のバスで福州に帰らなければならないんだ。財布の中にバスの切符が入っているだろ」

二人は財布の中の切符をたしかめて、納得したようである。その後、身代金の要求はしなくなった。

そうこうしているうちに、銀行に行った二人から電話があった。やはり残金がほとんどないと言うのである。当然、彼らは残りのもう一枚のカード――興業銀行のカード――の暗証番号を教えろと言ってきた。

私が「このカードは税金支払い専用であるから、暗証番号は知らないし、残金もほとんどない」と答えると、リーダー格の男は、どこかに電話をし始めた。どうやら、彼らの上にボスがいて、その指示をあおいでいるようなのである。

この間、私はなんとかして脱出のきっかけを見つけようと必死に考えていたが、ふと思いついて、左の胸を押さえてこう言ってみた。

「胸が苦しい。私は心臓が悪いのだ。そのセカンドバッグの中に薬があるから、とってくれ。ついでに水も」

そう言うと、彼らは薬も水もくれた。実は、その薬は今朝飲んだばかりで、一日に二度も飲むものではなかったが、背に腹はかえられない。彼らの見ている前で、私は七種類にものぼる薬を飲んで見せた。それから、まず情に訴えようとしてこう言った。

「私は六十二歳。お前たちの父親と同じくらいの年齢だ。父親みたいな人間にどうしてこんなひどいことをするのだ」

「俺たちも、好きでやっているのではない。ボスの命令で、しかたなしにやっているんだ」

「今日、私はお前たちと会ってもいない。お前たちが誰かも知らない。私の身にも何も起こらなかった——こういうことにしようではないか。それでいいではないか。早く解放してくれ。今日のうちに福州に帰らなければならない。もし、私が心臓発作で死んだら、お前たちもまずいことになるだろう」

この最後の文句に効き目があったらしい。リーダー格の男は、またボスに電話をした。「六十二歳。日本人。心臓が悪い」などの言葉が聞こえてくる。そして、ボスとの連絡が終わったとたん、突然一人の男が足の紐を解きだしたのである。どうやら解放されそうだ。

ひと安心という気持ちがそうさせたのかもしれないが、その後、私はこんな冗談ともつかぬことを言った。

「その財布は新品で、オーストリッチといってダチョウの皮でできている。三千元はする代物だ。お前たちのボスにやってくれ。喜ぶだろうよ」そしておまけに「もし、福州に来ることがあったら、電話をくれ。飯でも一緒に食おう」と。

そして、自分の携帯——言うまでもなく、これも彼らへの「献上品」となったわけだが——に店の電話番号をインプットしてやった。

「うそだと思うなら、今電話してみろ」

残念ながら？　彼らは私のこの奇矯なふるまいに乗ってこなかったのだが……。さて、解放となった。リーダー格の男は「近くのバス停まで送って行こう。そこから小型バスで深圳の駅まで行け」と言った。私が「少し金を貸してほしい。一文なしでは福州に帰れない」と言うと、「切符は買ってあるではないか」と言いつつも、なんと「大枚」十三元も渡してくれたではないか。まことに奇特な「強盗様」である。

二人の男が、私の両脇をかかえて部屋から連れだした。私は相変わらず演技をして左胸を押さえ、わざとふらつきながら歩いた。彼らは表に出ると、遠回りをして少し離れたバス停に私を連れて行った。その途中、「足元に気をつけて」などと、しおらしいことさえ言う。

私はまたまた余計な好奇心を起こして、「お前たちは四川省の人間か」と訊ねてみた。すると、びっくりしたように「どうしてわかる」と答えた。「いや、以前、四川省の友だちがいたものだから」。

この後、会話が途絶えた。「余計なことを聞いてしまったか」と恐怖心がよみがえったが、何事もなかった。バス停に着いて二分ぐらいして小型バスが来た。彼らは、バスが出発するまで私を監視していた。いや、もしかしたら「見送ってくれた」のかもしれない。

この時まで、ちょうど三時間が経過していた。

四十、消えた郵便物

二〇〇四年六月二十五日、日本から福州にサンプル製作用の図面をＥＭＳ便（国際エクスプレスメール）で送ってもらった。普通なら三、四日で到着するのだが、予定日を過ぎても到着しない。毎日、郵便局に問い合わせてみたが、「届いてない」という返事ばかりだ。

仕方なく日本に連絡して、追跡調査をしてもらったところ、「六月二十六日の十九時四十二分に上海に到着し、通関手続を経て、二十三時三十二分に福州に向けて発送された」と判明した。それならば、二十八日には配達されるはずなのに、三十日になっても届かなかったのである。

追跡調査の報告書を持参して郵便局を訪ねると、「実は二十七日に届いていたけれど、中身が何も入っていなかった」という。こんなことなら、ちゃんと交渉しなくてはいけないと思い、今度は通訳をつれて再度郵便局を訪ね、より詳細な状況を聞いてみると「上海から届いた時点で、すでに中身はカラッポだった」という。

そこで、福州郵便局から上海郵便局に連絡をさせると、向こう側は向こう側で「間違いなく発送した」と答える。要するに、郵便局同士の責任のなすりあいという結末に終わったのである。

いくら中国の「馬馬虎虎」に慣れている私でも、こんな無責任な話には我慢できない。知り合いの新聞記者に同席を頼み、三度目の交渉に臨んだ。その結果、日本の郵便局に被害届を出すということで、やっと話がついたのである。

意外にあっさりした決着だ、と思う方もいるかもしれない。実は、私のほうにも弱みがあった。その封筒の中には現金三十三万円が入っていたのである。EMS便で現金を送ることは違反なのだ。だから、今ひとつ強い態度にでられなかったのである。もちろん、三十三万円の損害賠償も要求できない。

とはいえ、大事な図面をなくしてしまった（あるいは、現金といっしょに抜きとった?）ことは言語道断である。そして、なにより私が我慢ならないのは、二十七日の時点で中身がなくなっていたにもかかわらず、郵便局がひたすら事実を隠していたということだ。

それにしても、なぜすぐにバレてしまうことを隠そうとするのだろうか。最初から頭を下げて謝罪するほうが潔い、という日本人の倫理観のほうが特殊なのだろうか。

実は、こういった事件は今回に始まったことではなく、日系企業の間では以前から「公然の秘密」になっている。日系企業の社員の場合、さすがに現金をEMS便で送るといったことはしないが、個人的な食料品や身の回り品を家族から送ってもらった際、中身が抜きとられていたことがよくあったと聞く。

しかし、中国的感覚ではこんな「些細なこと」で税関に抗議すると、その社員の属する企業は、製品輸出入の際にいやがらせを受けるというのである。だから、多くの場合「会社のために」泣き寝入りせざるを得ない。「公然の秘密」とは、このことを指すわけである。

しかし、中国が国際社会の仲間入りをしようとしている以上、私は中国政府がこうした悪習の存在を「公然の秘密」ではなく、「公然の事実」として率直に認め、それを徹底的に是正することを心から願う。

私もすべての中国人と同様に「公平・公正な中国社会」を熱望している一人な

のだから。

四十一、ゴルフ・ゴルフ・ゴルフ

福建省福州市には、現在約六十社の日本企業・日中合弁企業があるが、その大多数は「福州日本企業会」に参加している。

参加している企業の規模は、日本の一部上場企業から中小企業までとさまざまであり、そのほかに個人会員として、日本語教師や日本料理店の経営者などもメンバーとなっている。現在、メンバーは二百人を超えているとのことだ。

現在は、二カ月に一度のペースで例会が催され、和気あいあいの雰囲気の中で食事をしたり、中国の演芸・舞踊などのパフォーマンスを楽しんだりしている。また、例会以外にも、企業同士で相互訪問をしたり、日本語学校の発表会に参加したりして、日本人同士、日本人と中国人との交流を深めている。

さて、企業会メンバーの最大の話題といえば、なんといってもゴルフ。あまり「遊び」というものに縁のない福州での生活では、唯一の娯楽と言ってよい。

企業会参加メンバーの中でゴルフ同好会が結成されており、月に一度のコンペにみなさん熱を上げている。福州の夏は毎日三十五度を超える暑さだが、それでも参加者が減ることはない。それどころか、毎週の土・日曜になると、ゴルフ場へ「ご出勤」という人もいる。

彼らのマニアックぶりがわかろうというものだ。私の親しい友人のR氏もその一人。趣味というものは、それが昂じると、他人にもこの楽しみをわかってほしいと思うようになるものだが、彼は「金をとらないレッスンプロ」を自認しており、ゴルフ初心者にクラブの握り方からラインの読み方まで、無料でレッスンをしている。

いやいや、彼以上の「金をとらないレッスンプロ」もいらっしゃる。私の店のそばにある日本料理店の老板だ。彼はなんとホールインワンを三度も経験した猛者で、とにかくゴルフとなるとうるさい。本物のプロ並みのアドバイスを微に入り細に入り、私たちにしてくれるのだ。

そんなわけで、日曜日ともなると朝はゴルフ場、夜はその老板の店で食事、そのあとは私の店で「反省会」という、お決まりのコースができている。

このゴルフ同好会は二〇〇五年一月現在でもう九年、通算九十九回のコンペの歴史がある。この同好会の最大のイベントは、なんといっても年二回行われるアモイ商工会との対抗戦だ。

福州とアモイの中間にある古都、泉州《センシュウ》で個人戦とチーム戦が行われる。全日空アモイ支店からの協賛もいただいているので、アモイ—関空・成田の往復チケットなど、商品も豪華だ。双方あわせて約六十名が参加するのだが、福州とアモイの勝敗を決めるのは、両チーム上位七名の合計スコアである。

したがって、この七名の中に入ることが参加者のなによりの目標だ。ちなみに、私たちはこの七名を敬意と羨望を込めて「七人の侍」と称している。競技終了後は、例によって楽しい表彰式。トップ賞からブービー賞まで、素晴らしい、あるいはユーモアのある賞品の数々が式場に並ぶ。

二〇〇四年十一月にも、第三回目の対抗戦がアモイで行われたが、結果は地元、アモイチームの圧勝に終わった。これで対戦成績は、福州チームの二勝一敗となった。次回は福州市で、第四回目が行われる予定である。

今日も私の店では、ゴルフ談義に花が咲いている。

四十二、五一広場

福州市には「三山」という別称がある。市内（旧城内）に三つの小山があるからだ。どれも高さ二〇〇メートルに満たない小山だが、福州の象徴になっている。その一つが、私の店から正面に見える于山《ウサン》である。この小山の麓に毛沢東の像が建っており、ここが現在の市の中心であることがわかる。

さて、この山の道路を隔てた南側には五一広場という公園がある。天安門広場とまではいかないが、けっこう広いことは間違いない。十万人は収容できるのではないだろうか。中には、噴水池や芝生やベンチがあり、市民の憩いの広場となっている。

この五一広場の、夏場の一日をスケッチしてみよう。

午前五時。ボツボツと人が集まり始める。太極拳をする老人、散歩をするおばあさん。ジョギングを楽しむ人もいる。木陰では、まだ眠りについている人も見える。午前六時を過ぎると、急に人が増えてくる。バドミントンをする若者たち、民族舞踊をする婦人グループ、器楽演奏に一心不乱の人もいる。犬の散歩をしているおばさんなどは、日本の公園と変わらない風景だ。

ところが、午前八時半を過ぎると、ぱったりと人影が途絶える。もう出勤の時間だ。

つかの間の静寂が過ぎて、午前十時頃になると、そこはおのぼりさんの世界。仕事や観光で、福州に来た人たちが集まってくる。仕事があるのかないのか、アベックが登場するのもこの時間だ。人出を目当てに靴磨きも「出勤」。ちなみに、一足一元(約十五円)である。

午後は日本と同様に、昼休みのひと時をこの公園で過ごす人が多い。木陰で弁当を広げたり、トランプをしたりしている。しかし、日中は三十八度を超す暑さ、さすがに日向にいる人はいない。

夕方。この広場がいちばん賑わう時間だ。なんといっても楽しいのが、夜七時半から毎日始まるダンスである。噴水のまわりに百人ぐらいのグループがいくつもでき、合計すると千人ほどの人たちがダンスに興じるのである。

面白いことは、流れるダンスミュージックは同じなのに、グループごとに踊りが違うことである。中年のグループは社交ダンス、若者はディスコ風というように。中には、あまりにもぎごちないダンスがあって、思わず笑ってしまうこともある。

見物人も多い。しかし、日本の見物人とは違って、最初はおとなしく見ているものの、ついには我慢ができなくなって、自分の気に入ったグループに飛び入りをするのだ。その間ほぼ二時間、この一見無秩序とも見えるパフォーマンスが続く。そして、九時半になると、ピタリとステップが止まり、いっせいに帰路につくのである。

午後十時。静寂が来る。といっても、人は集まってくる。ホームレス、地方からでてきた人たち、要するに今晩の宿がない人たちがここをねぐらとするのだ。そして、木陰や芝生は彼らを優しく包む布団に変わる。おやすみなさい。

この広場の中には、樹齢三百年を超すと思われるガジュマルの木やマンゴーの木が植えられていて、強烈な南国の太陽から人々を守ってくれる。ガジュマルの木は福州を象徴する木でもある。

北宋の時代に、福州の地方長官がガジュマルの木を城内のいたるところに植えてから、福州はまた「榕城《ロンチョン》」（ガジュマルの街）とも言われるようになった。マンゴーが植えられるようになったのは、比較的最近の話だそうだが、毎年六月にいっせいに実をつけ、七月末には収穫期を迎える。

もちろん、これらの街路樹は「公共財産」だから、マンゴーの収穫期には役所の人たちが長いサオを持って、果実の収穫に当たる。そして、マンゴーを売ったお金は役所の立派な財政収入の一部になるそうだ。

私は困ったことがあった場合、一人でふらりとこの五一広場にやって来て、考えごとをするのが習慣になっている。

四十三、サッカーと「愛国心」

偏狭かつ排外的な「愛国心」ほど困ったものはない。残念ながら今、中国・日本の若者の一部が、このやっかいな代物にとりつかれている。しかも、悲しいことに、その排外主義の矛先がそれぞれ日本であり、中国であることだ。

そして、平和と友好の象徴である国際スポーツ交流の場にまで、それが持ち込まれていることである。

ご承知のように、二〇〇四年度のサッカー・アジアカップの試合は八月七日、北京において決勝戦が行われ、日本が三対一で中国を下して優勝したが、この時、残念なことが起きている。

中国人サポーターが、日本人サポーターの席にゴミを投げ入れたり、日本人の乗っている車を破壊したのである。一方、日本のインターネットの掲示板などを見ていると、一部の無知な若者の行為にもかかわらず、「中国人は野蛮だ」と民族全体の資質であるかのように決めつける書き込みがなされている。

「馬鹿者はどこにでもいる」と言ってしまえばそれまでだが、どうしても解せないのが、中国のマスコミの論調だ。

一対一になったあと、中田選手が二点目をゴールしたが、これはビデオで何度も放送されたとおり、明らかにハンドの反則だった。しかし、審判はこれをゴールと認めてしまったのだ。そこで、中国の新聞はいっせいにこの誤審を書き立てたのである。

曰く「中国は日本にカップを盗まれた」、「あの反則の一点がなければ、試合はどうなっていたかわからない」、「日本は汚い」などなど、それは大変な騒ぎである。党指導部が「誤った愛国心はいけない」と何度も通達をだしているのに、この調子なのである。

実は、この「事件」は私にもほんのちょっぴり影響を及ぼしている。タクシーに乗って日本人とわかると運転手から、また日本贔屓のはずの知り合いの中国人からも、「日本はずるい」と言われるのである。

これに対して私が「二対一のまま試合が終わったのではなくて、その後日本がもう一点取ったではないか」と言うと、「中国の選手はあの反則のあと、やる気をなくしてしまったから、最後の一点はおまけみたいなものだ」とくるのだ。

それが、サッカーファンとなると、さらにうるさくなる。私の友人の中国人にもサッカーファンがいて、会うたびに「事件」のことを持ちだす。あんまりうるさいから、つい「でも実力は日本のほうが上だったよ」と言ってしまった。そうすると、彼は本気で怒ってしまい、しばらくの間、口もきかない状態になった。

私は「あの反則は、審判のところからは死角になって見えなかったのだから、しかたがない」、「審判の判定は絶対なのだ」となだめようとしたのだが……。

そういえば、二〇〇〇年のシドニーオリンピックの時もすごかった。私はその時、東莞市にいたのだが、テレビはオリンピック一色。バレーでアタックが決まれば、会場付近三〇〇メートルの範囲に聞こえる大歓声。

水泳で中国人選手と外国人選手が競っていたら、両手を振り上げて「ワアー」という声を全身から絞りだす。私もつられて「ワアー」。

選手たち、とりわけ金メダリストの勇姿は何度も何度も放送され、さらにはコマーシャルにも出演して、人々の目に焼きつく。彼らはもはや「スポーツ選手」ではなくて、毛沢東・鄧小平と同じ「民族の英雄」なのだ。

いやはや、民族意識というのは、理性を超えるものなのだろうか。新中国は、この強烈な民族意識をバックボーンにして成立した。このことは素直に賞賛したい。しかし、それが排外主義に転ずると、危険極まりないものになるのもまた事実である。そして、その排外主義は相手国の排外主義をも生みだすのだ。

こう思いながらも、私の気持ちは複雑だ。中国人の応援ぶりに何か熱いものを感じて、中国の選手を知らずしらずのうちに応援している自分がいる。なんのことはない。私も一人の「愛国的中国人」になっていたのだ。

二〇〇四年のアテネ、そして、二〇〇八年の北京。その時まで、私はこの中国にいて、北京五輪をこの目で見届けるつもりである。

さて、その時の私は「愛国的日本人」、「愛国的中国人」、「冷静な観察者」のどれになっているのだろうか。

四十四、太極拳の大家

私の福州の友人に、曽衛紅《ソウエイコウ》という女性がいる。

彼女は三歳の時から太極拳の手ほどきを父親から受け、過去に全国大会で四度の金メダルを獲得したという、女性武道家である。

こう書くと、すごくいかつい女性を想像されるだろうが、どうして、どうして。実は身長百七十三センチのスラッとした、宝塚の男役のような美人なのである。

またまたこう書くと、『水滸伝』の「一丈青扈三娘《イチジョウセイコサンジョウ》」か『平家物語』の「巴御前」のような美形女武者を想像してしまうだろうが、それだけではすまないのがこの曽さんだ。

彼女は日本に九年間留学した経験があり、日本の大学院にも進学している。まさに才色兼備、文武両道を修めた女性である。このような女性は中国でも日本でも、ちょっと見当たらないだろう。そしてなによりも驚くのが、その日本語。実に流暢で品のいい日本語をしゃべるのである。今時のガングロコギャルは彼女に日本語を習ったらよい。

彼女の父親の名は曽乃梁《ソウダイリョウ》氏。中国では知る人ぞ知る有名な武道家で、現在六十二歳である。一九九五年に国から『中国当代十大武術教練』の称号を与えられた、文字どおり太極拳の大家である。

中国全土に多数の弟子がいて、その中には高佳敏《コウカビン》、陳思坦《チンシタン》、林秋萍《リンシュウヘイ》といった当代中国を代表する有名武術家もいる。彼女自身も現在、福州市内で道場を開いており、チビッ子からお年寄りまで、多数の門下生がいる。

最近は福州在住の日本人の愛好家も、彼女の道場の門をくぐるようになった。また、父親と二人の模範演技を収録したＶＣＤが売りだされて、たいへんな人気になっている。

先日、二人で公園を散歩していたら、太極拳をしている人たちが彼女に気づき、たちまち人だかりができてしまった。そして、手ほどきをしてほしいと頼まれると、彼女は気軽に応じるのである。見ていて実にほほえましい光景であった。

「真の武術家は謙虚でやさしい」という古今東西の真理を、私はこの目でたしかめたような気がした。

「日本に留学中、多くの人にお世話になったので恩返しがしたい」というのが、彼女の口癖。実際、現在も日本の太極拳愛好家とは深いつながりがあり、時々父親といっしょに日本支部にでかけて指導をしている。

今後とも、彼女の活躍を期待したい。

四十五、福州の名物日本人

福州在住の日本人の中で、名物男を三人紹介しよう。

まずは、六十二歳の日本語教師U氏だ。

日本の有名家電メーカーT社の福州にあるランプ工場で、三年半の間総経理（社長）を勤め上げ、定年後一時帰国していたが、福州が懐かしくなって、最近舞い戻って来た。しかし、その身分は「中国語を学ぶ留学生」。

現在では、その経歴がかわれ、福州大学の日本語教師を務めている。つまりは、「学生がそのまま先生に移行」というわけだ。現役中は、福州日本企業会の会長もしていて、現在でも福州在住の若いビジネスマンの相談相手となっている。

高校時代はスキーのジャンプ競技の選手で、山形県代表として国体にも参加したことがあるという。根っからのスポーツマンだから、足腰は今もしっかりとして、ゴルフの腕も企業会の中で五本の指に入る。

実に楽しく明るい人だ。そして、なによりも思いやりがある。私の店でこんな話をしてくれた。

「学生たちとバス停にいた時、物乞いが来たんですよね。そしたら、学生が小銭をやろうとした。すると、そばにいた人が『やるんじゃない』と言うんですよ。物乞いというのは、中国ではビジネスの一種ですから『同情する必要はない』ということでしょう。でも、私は思ったね。学生のやさしい気持ちを傷つけてしまうんじゃないか、と。あの時、小銭をやるのがいいのか悪いのか、私にはどうも判断がつきかねて……」

何も説明する必要はないだろう。こういう人なのである。中国の学生たちが、この人から日本人のやさしさというものを学びとれたら、どんなに素晴らしいことだろうか。

私は時々、こう彼を冷やかす。

「教えた学生たちがみんな山形弁をしゃべったら、そのうち福州にズーズー弁が大流行するんじゃないの」

「んだがら、いいんだベー」

この答えのなんとも言えない調子に、私は拍子抜けして反論できなくなってしまうのである。

いや、まさしくかつての仕事と同様、「まわりに光を与える」人である。

二人目も日本語教師。北海道出身の五十一歳、N氏だ。

こちらは日本滞在中、ずっと塾の講師をしていたというから、教育のプロと言っていい。二十年ぐらい前にも、貴州《キシュウ》省の貴州大学で日本語教師をしていたという。三年前にここ福州に来て、再び日本語教師になったというわけだ。また、中国語を日本語に訳す仕事も引き受けている。福州に来てから、教え子はもう数百人にのぼる。私の店の二人の女の子も、彼の教え子である。

たいへんな博識で、とくに中国の歴史については、中国人でも彼にはかなわない。「中国の書籍は、孔子から毛沢東まで目を通している」と豪語する。「読み通した」と言わないのがご愛嬌だが。

若い頃から山が好きで、日本にいた時、年越しはほとんど雪山の中だったそうだ。最近、福州のアウトドア・ショップでフリークライミング用の人工壁を発見して大はしゃぎ。一時帰国の際にクライミング・シューズを買い込み、「三十年ぶりの岩だ」と、そのアウトドア・ショップに通っている。

ただ、現在は体重が八十五キロもあるので、「どうも若い頃とは違って……」と嘆いている。

この先生、一目見たら誰でも記憶に残る。唇をおおうその「アゴヒゲ」である。だから、あだ名は「ヒゲ先生」。その「ヒゲ」を営業の武器？　にして各日本企業やカラオケバーに赴き、生徒募集や翻訳業のクライアント探しをしている。だから、このヒゲ先生を知らぬ福州在住の日本人はいないと言ってよい。福州在住の日本人教師のメーリングリストも主催しているから、いろいろな情報が彼のところに集まる。

もし、福州に来て右も左もわからないようだったら、彼を訪ねてみるといい。多分、私の店でバーボンをストレートでチビリチビリと飲《や》っているはずだから。

最後の一人は、私の店の近くにある日本料理店の経営者O氏、六十八歳。

福州には日本料理店が多いが、本当の意味で「プロ」と言えるのは、この人しかいないだろう。たたき上げの職人である。職人だけに少々ガンコなところがあり、初対面の人の中には怖がる人もいるが、出された料理に箸をつけたとたん、そんなことは忘れてしまう。材料の制限があるこの福州で、これほどの味を出すとは。

彼はもう一つ「プロ」に近い技術を持っている。ゴルフである。日本にいた時一度、そして福州で二度ホールインワンを達成している。ホールインワンは運というけれど、三度となると、よほどの技術がなければなかなかできないものだろう。それを裏づけるのが、彼のゴルフ指導。若い時からプロに直接指導を受けてきただけあって、実に理にかなっている。

私なども、ちょっとワンポイント・レッスンを受けると、悪い癖がすぐに直ってしまう。ある道に通じた人の持つ理は、他の道にも通ずるところがあるというが、彼のゴルフにも、厳しい修業から身についた職人気質が息づいているのであろう。

先日、三度目のホールインワン達成記念コンペが、福州市において盛大に行われた。参加者は日本人に限らず、中国人、台湾人、韓国人と多彩であった。ゴルフと味を通じての、彼の交友関係の広さを物語っている。

最近は頭のテッペンがかなり薄くなり、福州の日本人の中でも頭の薄さナンバーワンを誇るこの私に迫ってきているが、いつまでも元気なガンコおやじでいてほしい。そして、今後とも私たちのゴルフの、よき相談役でいてほしいと願ってやまない。

さて、彼がエイジシュート（年齢よりも少ない打数でラウンドすること）を達成する日は、いつのことであろうか。

2004年度、福州日本企業会の忘年会で演奏中の仲間達。右から渡辺隆興氏、奥野雄一氏、著者、鄭さん、ピアノの林氏

おわりに

現在この中国には、五十六にものぼる民族が暮らしている。もちろん、人口の大半を占める漢族と、他の民族の間に摩擦がないとは言えないかもしれないが、とにかく一緒に暮らしていることは間違いないのだ。

だからこそ、「旧満州」の地で日本人が残していった子供たちを、わが子同然に愛し、今日まで育ててあげることができたのだと思う。

二〇〇一年の九月、私は「旧満州」、現在の東北地方の吉林省に行ったが、その時、「自分は残留日本人孤児」だという人に会った。私より一歳年上のこの人（すでに孫が二人もいる）は、何度も日本人としての認定申請をだしたが、いまだに受けつけてくれないという。

日本に来た残留孤児の中には親類が見つからず、中国に戻る例も多い。日本に行けるのは、まだましなほうなのだ。彼の言葉の中で最も印象的だったのは「育ててくれた両親は、今でも本当の親だと思っている」というものである。日本人としてのアイデンティティーを求めつつも、中国の両親に心から感謝している彼の心情があふれている。

これは、まさに中国の持つ「おおらかさ」、他人の子供を分け隔てなく愛する「おおらかさ」が生みだした言葉ではないだろうか。

これまでいろいろと手厳しいことを書いてきたが、私はなによりも中国のこの「おおらかさ」が好きなのである。じっくりと読んでくれた読者なら、手厳しい言葉の中に「中国と中国人が好きだ」という、私の心を読みとっていただけたものと思う。

私のこの拙いエッセー集を出版するにあたり、多くの方々にお世話になった。私が数々の事業の失敗で呻吟《しんぎん》していた時、物心両面にわたり協力してくださった方々である。

足立和彦氏、上松信氏、内田誠氏、奥野雄一氏、鍛治芳明氏、倉地健二氏、久家哲雄氏、増田裕子氏、山脇祐次氏、吉住光史氏、渡辺隆興氏、以上の方々には感謝の言葉もない。重ねてお礼を申し上げたい。

福州在住の日本語学校教師、中野英夫氏には、とくにお世話になった。彼の協力なくしては、この本はおそらく日の目を見られなかっただろう。
最後に、この本を上梓するにあたり、文芸社スタッフのみなさんにはいろいろ無理を聞いていただき、心より感謝する次第である。

著者

著者プロフィール

山下 生翁（やました いくお）

1943年3月4日生まれ。
兵庫県宝塚市出身。

馬馬虎虎《マーマーフーフー》な中国生活

2005年4月15日　初版第1刷発行

著　者　山下 生翁
発行者　瓜谷 綱延
発行所　株式会社文芸社
〒160-0022　東京都新宿区新宿1－10－1
電話　03-5369-3060（編集）
03-5369-2299（販売）

印刷所　株式会社平河工業社

ISBN4-8355-8867-3